中国体育学文库

| 体育教育训练学 |

特警体能训练体系研究

孙越颖 | 著

北京体育大学出版社

策划编辑　陆继萍
责任编辑　陆继萍
责任校对　刘艺璇
版式设计　中联华文

图书在版编目（CIP）数据

特警体能训练体系研究/孙越颖著 . --北京：北
京体育大学出版社，2024. 2
　ISBN 978-7-5644-3901-9

Ⅰ. ①特… Ⅱ. ①孙… Ⅲ. ①特种警察—体能—身体
训练—研究 Ⅳ. ①D631.15

中国国家版本馆 CIP 数据核字（2023）第 177512 号

特警体能训练体系研究　　　　　　　　　　　　孙越颖　著
TEJING TINENG XUNLIAN TIXI YANJIU

出版发行：北京体育大学出版社
地　　址：北京市海淀区农大南路 1 号院 2 号楼 2 层办公 B-212
邮　　编：100084
网　　址：http：//cbs. bsu. edu. cn
发 行 部：010-62989320
邮 购 部：北京体育大学出版社读者服务部 010-62989432
印　　刷：河北鸿运腾达印刷有限公司
开　　本：710 mm×1000 mm　1/16
成品尺寸：170 mm×240 mm
印　　张：11. 5
字　　数：152 千字
版　　次：2024 年 2 月第 1 版
印　　次：2024 年 2 月第 1 次印刷
定　　价：78. 00 元

前言

　　社会稳定与发展需要一支强大的公安队伍来保障。特警作为一支重要的反恐尖兵力量，在维护社会治安稳定方面发挥着不可替代的作用。特警体能是实施特警技战术的基础，在现代特警实战训练中的地位愈加重要。特警战斗力充分体现在特警与犯罪嫌疑人斗争过程中的快速追击、一招制敌、首发命中、连续作战以及遏制违法犯罪行为时的各种技战术的水平上，这些技战术的水平无不凸显速度、力量、耐力、灵敏等身体素质对特警战斗力的贡献。因此，特警体能训练水平的高低直接关系到特警战斗力的强弱，关系到特警队员能否圆满完成战斗任务。要培养出高素质特警人才，必须以"因战而练"这一治训精要为导向，使特警体能训练始终围绕实战需求，全面提高队伍的整体素质和战斗力。

　　在当前反恐实战化的背景下，特警体能训练面临诸多现实问题，比如，特警体能训练怎样才能适应新时代特警执法的需要？特警体能训练应该如何安排？如何建立体现中国特警技战术特征的特警体能训练体系？该体系的基本构成要素是什么？怎样使这些要素按照一定的秩序和内部关联组成整体、发挥体系的作用而非训练内容或方法的单一作用？特警体能训练如何汲取竞技体育领域体能训练的最新成果？如何把握特警体能训练体系各要素的特征、内容、方法？这些问题已成为特警实战化训练的难点、焦点和关键点，也是特警体能训练理论与实践必须突破的重大课题。

　　探索与现代警务机制相匹配的，既具有公安特色、特警职业特点，又具有时代特征的特警体能训练体系，无疑具有重大的理论和实践意义。我国有关特警体能训练的研究起步较晚，至今仍处于初级阶段，对特警体能训练体系的研究相对薄弱。现有的对特警体能训练的研究主要集中在对特警体能训练与特警技战术训练关系的分析，对部分特警体能训练方法的介绍和特警体能训练评价标准存在的问题的研究上。现有研究虽然在一定程度上发挥了积极的作用，但也显示出不尽如人意之处，因此，特警体能训练转化为特警战斗力的效率不高。现有研究有待从系统的角度，对特警体能训练目标、特警体能训练内容、特警体能训练方法、特警体能训练评价等方面进行整体研究。本研究努力构建体现中国特警技战术特征的特警体能训练体系，探讨特警体能训练的基本原理，对特警体能训练各个子系统进行系统研究，填补以往研究的空白，有利于促进特警体能训练理论的建立，为特警体能训练科学化、系统化发展发挥重要作用。本研究所构建的特警体能训练体系结构严谨且具有较强的可操作性，能科学地指导特警体能训练的实践过程，有效促进特警队员对特警技战术的掌握，有利于提高特警队员的战斗力，扎实推进特警体能训练朝着实战化方向和高质量方向发展。

　　感谢工作单位北京警察学院提供资助与支持。

孙越颖

北京警察学院

2023 年 8 月

目录
CONTENTS

第一章

特警体能训练体系的理论基础

正确的认识能够促进实践的发展，科学理论是正确的认识，能够对实践产生重大的指导作用。理论基础研究对于体系的认识和构建具有重要的方法论意义，能够指导各要素和部分作为一个复杂的共同体而存在并发挥作用，能够明确体系研究的具体方向，为体系构建提供研究思路，引导体系向科学化、系统化方向发展。因此，探讨理论基础并引导体系构建的整个过程成为本研究的关键任务。本章主要采用文献资料、逻辑分析等方法对特警体能训练体系的理论基础进行分析，对现有研究的概念、范畴进行界定，对构建特警体能训练体系应遵循的基本原则进行阐述，并在此基础上运用专家调查法明确了特警体能训练体系的主体构成要素、结构及基本功能。

第一节　特警体能训练体系构建的理论依据

一、系统理论

系统是指若干要素以一定结构相互联系形成的具有某种功能的有机整体。系统的定义中包含要素、结构和功能这几个概念，系统的基本单位是要素，各要素之间相对稳定的联系方式是结构，系统与外部环境相互联系与作用时所表现出来的性质和功效是功能。系统理论研究的基本方法就是将研究对象作为一个有机整体进行考察，分析整体与部分、各部分之间的关系及整体运行情况，以解释事物的本质规律和整体特征。系统一般具有整体性、关联性和有序性。系统的整体性功能是各要素在孤立状态下所没有的，整体的功能大于各部分功能之和。系统的关联性是指各要素并非孤立发展，而是相互依存、相互联系的，每一要素在系统中处于特定位置，发挥着相应作用，要素间的相互关联使系统具有整体性。系统的有序性是指联系是按等级和层次进行的，系统各要素之间的稳定联系构成系统的内部结构。整体与部分的关系问题是系统理论的核心问题，我们只有将整体和部分有机结合，才能够正确认识系统，在研究系统时我们应当着重把握整体，同时兼顾部分。

　　坚持系统的观点，就是要将特警体能训练体系看作一个系统加以考察。特警体能训练体系内部各要素虽然各有定位、功能和作用，但它们是一个不可分割的整体，各要素主旨相同，目标指向一致，共同构成密切相连的系统化逻辑体系；特警体能训练体系中各要素也是相对独立的整体，各要素内部同样具有系统性，特警体能训练体系中的每一要素都有自身特定的位置、次序和作用，相互不可替代。构建特警体能训练体系需要我们结合特警职业特点挖掘体系包含的要素，明确各要素之间相对稳定的联系方式，阐明各要素在特警体能训练实践中所发挥的功效，实现特警体能训练体系的整体性、关联性和有序性，使特警体能训练体系在指导特警体能训练实践方面具有方法论意义。

二、生物适应理论

生物学是深刻认识人体自身特征的基础和工具。机体具有复杂的生物学特征，在正常情况下，机体在各器官、系统的相互协调和制约下维持一种相对平衡的状态。当内环境的相对平衡因外环境变化而遭到破坏时，各器官、系统需重新调整以恢复机体的平衡，这个过程被称为适应过程。运动训练即是对机体进行生物学改造的过程，外界负荷的施加会使机体的内环境出现"失稳态"，此时机体会进行主动调整以达到新"稳态"。多次施加外界负荷，使机体不断进行"失稳态"与"稳态"的反复交替，能够逐渐改善机体对外环境刺激的应答能力，从而使机体的运动能力不断提高。这种由训练引起的机体与施加刺激的外环境之间不断取得平衡的过程叫作训练适应。通常，机体对刺激源的应激表现称为生物适应现象，在应激状态下机体表现出一般适应综合征，它的发生可分为动员期、抵抗期和衰竭期3个时期。动员期内随着负荷刺激的施加，机体的生理机能水平会暂时降低，机体防御机制产生对抗反应；抵抗期内机体可通过防御机制的反抗来获得抵抗力，机体出现肌纤维肥大、中枢神经系统能力增强及代谢适应等代偿性反应；若负荷刺激持续进行，机体则会出现适应调节现象，即随着特定负荷的刺激时间的延长，机体的反应能力会降低，这表明长时间采用同一训练方式会耗损机体的防御机制，导致训练过度。

生物适应理论是通过运动训练提高特警体能水平、强化特警技战术的生物学基础。运用生物适应理论指导特警体能训练体系构建，有助于探索机体在特警体能训练过程中所产生的各种现象，深刻认识和把握机体在特警体能训练过程中的机能变化规律，帮助特警合理选择体能训练的方法和手段，系统安排体能训练的负荷，是科学指导特警体能训练过程，提高特警体能训练的有效性和针对性，构建特警体能训练体系不可或缺的重要基础。

三、动力链理论

动力链是指多个关节及其周围的软组织相互联系而构成的有机系统。系统的结构决定其功能，不存在没有结构的功能，也不存在没有功能的结构，动力链是链结构和链功能的统一。动力链作为机体的重要动力系统在训练实践中发挥核心作用，它主要由关节链和肌肉链组成。关节链由相关骨连接构成，能够通过神经肌肉系统支配关节，发挥持续调控姿势和实现功能运动的作用。符合生物力学、生理学、解剖学特征的人体关节构建能够疏通四肢和躯干力量的传递，为肌肉发力提供稳定支点。机体每个关节兼具灵活性和稳定性，只是有的关节以灵活性为主，有的关节则以稳定性为主。机体各关节对灵活性和稳定性的需要是交替出现的，当某一关节不灵活、难以维持其主要功能时，其相邻关节则会进行代偿，由此会引发相邻关节的组织结构的改变和功能的下降，最终导致运动损伤。肌肉链由协同肌、肌肉环带和肌筋膜链构成，各要素协同作用于神经肌肉系统和骨骼，是机体运动的"发动机"。肌肉链在神经肌肉系统的调节下收缩和舒张，带动关节链产生机械运动完成目标动作。肌肉链内部机能的合理发展有助于肌肉的系统协调，有利于肌肉高效做功并表现出良好的机能状态。能量通过动力链进行传递，关节将能量传递至邻近关节，各关节通过肌肉力量完成加速或减速。能量传递效率受到时序性和协调性的影响，能量经过传递之后，肢体远端的力量表现为动力链上各环节能量的叠加。杠铃高翻、高拉等传统力量训练方式是提高动力链功能的常用方法，对提高动力链系统的做功能力具有显著效果。从生物力学的视角进行分析，机体运动是由构成动力链的骨骼、肌肉、关节协同工作来完成的，动力链上功能相对薄弱的运动环节被称为"弱链"。弱链产生的原因可能是自身结构未得到相应发展或相邻结构功能过度发展。弱链的存在可能会引起机体功能障碍、做功能力下降，甚至导致运动损伤。

动力链理论为特警体能训练体系的构建指明了方向，有利于引导人们正确认识机体结构和功能，探索技术动作的规律。我们通过动力链理论研究运动机理可以发现，除了练习的负荷会影响体能训练效果之外，练习动作的方向、轨迹及时间特征也会对体能训练效果产生重要影响。人体大多数运动都是多关节和多肌群（肌肉）参与的全身运动，合理构建特警体能训练体系需要将人体运动系统看作一个整体，避免仅对孤立关节从固定角度进行分析，重视整个人体运动系统的关联性和运动性，加强机体关节链和肌肉链训练，强化弱链训练，从功能的角度出发构建特警体能训练体系。

四、功能性体能训练理论

功能性体能训练的核心是认识结构、掌握功能。功能性体能训练的目的是通过认识机体运动系统及技术动作结构来掌握机体运动系统与技术动作结构的功能。有研究者认为功能性体能训练是一种方法，也有研究者认为它是一种理论，还有研究者将其作为一种训练理念，虽然目前研究者对功能性体能训练尚存在不同的解释和理解，但功能性体能训练在训练实践中所发挥的作用却得到多数教练的认可。功能性体能训练强调训练针对的是动作而不仅是肌肉。功能性体能训练指出：技术是指由多个准确、合理、快速的动作组合而成的动力链。特警体能训练应重视动力链训练，防止能量泄漏，降低运动损伤的风险；强调训练前要先恢复机体的功能，即只有先解决机体的灵活性和稳定性问题，特警队员才有可能获得最佳的运动表现；重视动作质量的检查和评定，功能性动作筛查不仅能够有效检测人体运动的平衡能力、稳定性及身体的控制能力，还能够筛查机体的薄弱环节，为后期特警体能训练计划的制订提供可靠依据；注重恢复和再生训练，有效预防运动损伤并提高器官的功能水平；强调训练要结合特警实战需求，重视动作和姿势；强调采用多关节参与的多平面、多维度动作；强化特警体能训练各要素的均衡发展，重视围绕核心区力量和稳定性的协调发展等要素来提高特警队员整个身体动力链的能量传输效率。

尽管目前有关功能性体能训练的理论研究明显滞后于训练实践，但功能性体能训练理论在竞技体能训练领域所取得的成果仍然能够为特警体能训练体系的构建提供可借鉴的训练思路。运用功能性体能训练理论指导特警体能训练体系的构建能够将体能训练与特警技战术训练紧密结合，在预防运动损伤的基础上协同发展各身体素质，服务特警实战，提高特警队伍的整体战斗力。

第二节　核心概念界定

概念是思维的起点，准确把握体能的内涵和外延能对训练思维的广度和深度产生影响，并最终决定训练过程和结果。

一、体能

体能是指通过力量、速度、耐力、灵敏、柔韧、协调等身体素质表现出来的人体基本的运动能力。广义的体能包括身体形态、身体机能和运动素质三方面，狭义的体能通常指素质水平。美国运动医学会认为，体能就是体适能，包括心肺适能、肌肉适能、柔软度及身体成分等；美国体能协会对体能的研究主要从力量及其他素质训练的角度出发，认为体能是以人体能量代谢系统的活动为基础，通过骨骼系统和肌肉系统所表现出来的运动能力。

科学的概念是人们对某一事物的高度概括，上述体能的概念是学者们根据自身研究需要，从不同角度对同一事物做出的界定。虽然目前国内外尚无统一的体能概念，但是从中我们亦能发现学者们对体能概念的认知有共同之处：第一，他们都认为，体能有广义与狭义之分；第二，他们都强调身体形态是体能的物质基础，身体机能是体能的生理基础，而运动素质是体能的外在表现；第三，他们都认为体能受先天遗传与后天训练双重因素的影响；第四，他们都认为体能具有明显的专项特异性。综合前人的研究成果，本研究认为，体能是以人体各器官、系统的形态结构和功能为基础，以各类运动素质为表现形式，受先天遗传和后天训练等内外因素影响的基本运动能力。

二、特警体能

（一）特警及其职责

特警是具有特种技能、较强的威慑力和战斗力，能够在防暴、反恐、维稳战斗中发挥特殊战斗作用的警察。特警是警察序列中经过严格挑选、训练的，拥有特殊装备和相关授权的特种精英，作为反恐维稳的一把尖刀，主要承担反恐、防暴及处置突发事件等特殊任务，具体职责为：第一，处置暴力恐怖犯罪事件；第二，处置严重暴力性犯罪事件；

第三，处置暴乱、骚乱事件；第四，处置大规模流氓滋扰等重大治安事件；第五，处置对抗性强的群体性事件；第六，担负重大活动的安全保卫任务；第七，担负特定的巡逻执勤任务；第八，其他应当由公安特警担负的任务。

（二）特警体能界定

特警体能是指以特警队员各器官、系统的形态结构和功能为基础，以满足特警实战需求的各类运动素质为表现形式的基本运动能力。特警体能受到先天遗传和后天训练等内外因素的影响，具有广义和狭义之分。广义的特警体能包括特警队员的身体形态、身体机能、运动素质及健康水平；狭义的特警体能则是指特警队员完成特警技战术训练所必需的力量及相关素质，具体表现在能量的储备、力量的提升及相关素质的发展等方面。本研究主要以狭义的特警体能为切入点，从各项素质和能量代谢入手，结合动作进行深入细致的分析，构建符合特警实战需求的特警体能训练体系。

三、特警体能训练体系

体系是相关理论或设想经过有条理的安排或组织而构成的一个具有特定功能的有机整体。"总则为一，化则无穷"，大体系包含无穷尽的小体系，小体系又包含无穷尽的更小体系。而训练体系则是为达到训练目标、完成训练任务而采用的由内容、方法和评价等要素构成的有机整体。完整的训练体系应当包括多年积累的经验以及实用的研究成果。特警体能训练体系的建立有利于体现特警体能训练理论与实践的完整概念，能够引导特警体能训练的正确方向；有利于为特警体能训练实践提供一份系统、明确的指导方案，促进我国特警队伍实战能力的持续有力发展。

目前我国学术界对特警体能训练体系没有明确的定义，本研究根据体系、训练体系的概念界定，结合特警体能训练实践，将特警体能训练体系定义为：特警体能训练中相互联系、相互作用的各类要素按照一定规律及程序构成的指导特警体能训练全过程的有机整体，主要包括特警体能训练目标的确定、特警体能训练内容的划分、特警体能训练方法的选择、特警体能训练的评价等要素。这一定义力求明确特警体能训练体系的内涵和外延两个基本特征：把握特警体能训练体系各要素作为一个有机整体发挥功效这一特性；抓住特警体能训练体系各要素相互依存、相互联系且按照一定规律和程序构成，能够指导特警体能训练全过程这一本质特征；明确特警体能训练体系包含特警体能训练目标、特警体能训练内容、特警体能训练方法、特警体能训练评价这一外延特征。

第三节 特警体能训练体系的构建原则及基本思路

特警体能训练体系的构建原则是指根据特警体能训练的目的、任务，遵循运动训练一般规律而制定的原理性要求，在特警体能训练体系的构建过程中发挥指导作用。明确特警体能训练体系构建的基本思路是指从整体视角出发，把握特警体能训练体系的构建过程，克服片面、模糊的认识，为构建要素清晰、结构优化、功能完善、动态发展的特警体能训练体系奠定坚实的理论基础。

一、特警体能训练体系的构建原则

（一）整体性原则

整体性原则是指特警体能训练体系各要素作为一个系统而存在。特警体能训练体系的整体性是在各要素的相互作用和相互联系中产生的，特警体能训练体系的要素和功能之间具有直接的关系，要素的构成、要素的比重关系变化等都能够引起特警体能训练体系功能的变化。

特警体能训练过程要依据特警实战需求进行统一规划。全面考察和分析特警体能训练过程中各构成要素、结构、功能及要素间的联系，有利于确保影响特警体能训练效果的各种因素、训练过程的各个环节得到有效控制。特警体能训练的目标、内容、方法、评价等要素虽然各有定位、功能和作用，但却是一个不可分割的统一整体。通过对各要素的调整，可实现特警体能训练体系的整体优化，改善和提升特警体能训练体系的整体功能。

（二）层次性原则

层次性原则是指特警体能训练体系必然存在高级要素与低级要素的层次关系，特警体能训练体系是一个多层次的系统，我们在设计时应根据体系的内在逻辑结构划分层次。

我们要重点围绕"是什么、干什么、练什么、怎么练、练得怎样"对特警体能训练目标、特警体能训练内容、特警体能训练方法、特警体能训练评价等内容展开研究，使特警体能训练体系各要素能够协同配合，实现特警体能训练的系统化、科学化发展。特警体能训练体系的各要素内部同样存在等级秩序，特警体能训练的终极目标不可能一蹴而就，特警队员要结合不同的特警技战术特征以及特警队员的个体差异，有重点、分阶段进行科学训练，并根据特警实战需求和作战任务安排设定特警体能训练的目标、选择特警体能训练的内容和方法、有效评价特警体能训练的效果。

（三）可操作性原则

可操作性原则是指特警体能训练体系具有明确的指引性和可行性。为保证特警体能训练体系指导特警体能训练过程这一功能目标的顺利实现，特警体能训练体系的构建和实施必须立足于现实，符合特警体能训练工作的实际情况，要切实可行、易于操作。

用可操作性原则指导特警体能训练体系的构建时，必须分析特警技战术特征及特警体能需求，尤其要根据特警实战需求和特警动作技能发展规律确定特警体能训练目标体系，并在对特警体能训练目标体系进行深入解构的基础上探寻其实现路径、确定特警体能训练内容体系；必须以特警体能需求为依据，融合生物适应理论、动力链理论和功能性体能训练理论，构建特警体能训练方法体系，明确训练手段、负荷安排等要素，进而实现不同层次的特警体能训练目标并对训练效果加以评价。可操作性原则要求所构建的特警体能训练体系的各目标、内容、方法等具有可行性和有效性，能较好地解决特警体能训练过程中的实际问题。

（四）发展性原则

发展性原则是指所构建的特警体能训练体系要体现前瞻性和发展性，要能够根据特警体能训练体系的内部要素、结构、功能及外部环境的变化进行适时、适度的调整和完善，以确保特警体能训练体系的完整性、适应性和先进性。

特警体能训练体系内部要素和外部环境的变化是推动体系发生动态变化的根本原因。一方面，特警体能训练体系所处的外部环境在变化，训练理论、科学技术在发展，特警的岗位职责也在动态调整，特警体能训练体系的结构和功能要能够适应外部环境的变化，使体系呈现出"螺旋式上升"的发展趋势；另一方面，特警体能训练体系内部各要素（训练目标、训练内容、训练方法、训练评价等）也处于动态变化之中，教师或教练可以根据自身的经验不断丰富特警体能训练体系，也可以结合特警队员的具体特征灵活地运用特警体能训练体系，努力实现根据各要素的发展变化，持续修正特警体能训练体系，促进特警体能训练体系的成熟和完善。

二、特警体能训练体系构建的基本思路

体系构建就是合理地将相关联的零散要素联系在一起，构成一个整体，以便进行整体研究。有了系统的特警体能训练体系，特警体能训练的各部分才能被有效地组织起来，服务于提高特警实战水平这一最终目标。

特警体能训练体系旨在从理论和实践两方面指导特警队员开展科学的体能训练，为系统规划特警体能训练过程提供一定的参考。近年来，竞技体能训练理论快速发展，科研人员借鉴多学科理论和知识获得丰硕的研究成果，但特警体能训练理论较为陈旧，特警体能训练规律与理论的相关研究成果较少。在本研究中，特警体能训练体系构建的基本思路是从解决"是什么、干什么、练什么、怎么练、练得怎样"这几个问题入手（图1-1），进而解决认识与现实、抽象与具体、观念与实践之间的矛盾。

是什么	←→	概念、范畴、特征	←→	界定重要概念和范畴、分析现状和基础理论、明确特警技战术特征及体能需求
干什么	←→	特警体能训练目标	←→	总目标、中间目标、具体目标 上层目标、中层目标、基层目标
练什么	←→	特警体能训练内容	←→	基本功能性体能、一般体能、战斗体能的训练内容
怎么练	←→	特警体能训练方法、训练周期	←→	训练手段、训练负荷、训练过程安排等
练得怎样	←→	特警体能训练评价	←→	评价对象、评价目标、评价指标、指标权重、评价标准

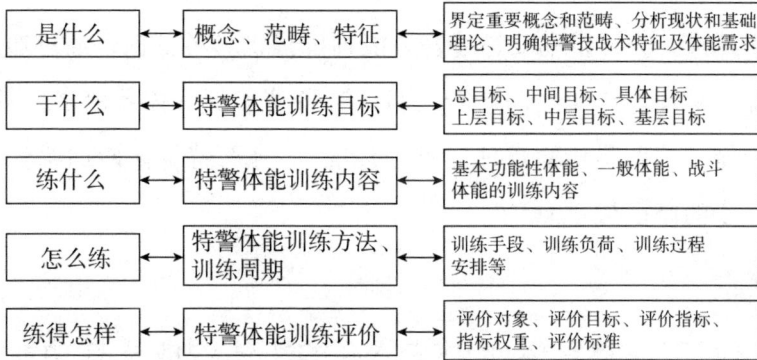

图1-1 特警体能训练体系构建的基本思路

在特警体能训练体系的构建过程中，可以通过对问题的剖析来考查认识是否深入问题的内部、认识是否全面。科学施训要求教师或教练首先要认识项目特征及影响项目发展的关键因素，这样才能确立正确的特警体能训练指导思想，发现提高特警体能训练水平的合理途径，科学设计特警体能训练内容，准确选择特警体能训练方法和手段，有效调控特警体能训练负荷，合理评价特警体能训练效果，保证特警体能训练任务的完成和训练目标的实现。本研究通过对众多问题的辨析，首先厘清"是什么"的问题，提出要界定认识对象的相关概念、范畴、特征，明确特警体能训练存在的问题，以及特警技战术特征和特警体能的实际需求，从而为构建特警体能训练体系提供参考依据；其次通过追问"干什么"，明确特警体能训练的预期目标，引领认识，进一步剖析认识对象；然后思考"练什么"，明确特警体能训练的主要内容，实现特警体能训练理论与实践的有机结合；接着通过分析"怎么练"，分解训练任务，确定特警体能训练方法，包括训练手段、训练负荷和训练过程安排；之后深入剖析"练得怎样"，明确特警体能训练的评价对象和评价目标，筛选评价指标，明确指标权重和评价标准，为评价和改进特警体能训练提供参考依据；最终通过特警体能训练理论与实践的结合，验证特警体能训练体系的实际效果，严格遵循"实践是检验真理的唯一标准"，并对特警体能训练体系进行进一步的修正与完善。

第四节　特警体能训练体系的主体构成及其功能

特警体能训练体系是一个由多种要素构成的复杂系统，各要素之间存在着独特的结合方式和特定的排列形式，实际上，这就是特警体能训练体系的结构，这种结构使特警体能训练体系具有独有的功能，能够系统有效地指导特警体能训练全过程。

一、特警体能训练体系的主体构成

特警体能训练体系各要素间的配置与安排决定了特警体能训练到底该往哪里走以及怎么走的问题。优化体系结构，发挥体系各要素的功能对于科学构建特警体能训练体系、指导特警体能训练过程具有十分重要的意义。特警体能训练过程中之所以会出现"重技能、轻战术、几乎不重视体能训练"的问题，其根源就在于教师或教练对特警体能训练的认识存在偏差，忽视了特警体能训练体系诸要素的合理搭配，使特警体能训练陷入"盲动"误区。特警体能训练体系的主体构成在提高特警健康水平、全面发展特警身体素质、有效提高特警实战水平方面的重要性在学术和实践领域都毋庸置疑，明确特警体能训练体系的主体构成也成为特警体能训练体系构建过程中的关键性问题。

本研究通过对相关专家的调查来确定特警体能训练体系的主体构成。具体而言，本研究对所有列出的指标进行赋值，5 表示非常必要、4 表示比较必要、3 表示一般、2 表示不太必要、1 表示很没必要。经过相关专家赋值之后，计算各个指标的加权平均数，最后筛选出加权平均数≥4 的指标，变异系数<0.3 的指标。若变异系数>0.3 或<0.05，则对应的指标应当删除，这是因为变异系数过大说明该指标不稳定，变异系数过小则说明该指标不具备区分度。

通过查阅文献资料、咨询相关专家等方法初步拟定特警体能训练体系的主体由训练目标体系、训练内容体系、训练方法体系、训练评价体系、训练周期体系五个子系统构成（表 1-1）。为避免各子系统互相交叉和混淆，本研究采用专家问卷调查的方式筛选特警体能训练体系的一级指标。调查结果显示，训练周期体系的加权平均数较小且变异系数较大，故删除这一子系统。相关专家普遍认为训练周期理论适合在竞技体育中运用，其最终目标是使运动员在比赛期达到最佳竞技状态，而特警队员开展特警体能训练的主要目的不是参加竞技比赛，故特警体能训练体系主要包括训练目标体系、训练内容体系、训练方法体系、训练评价体系四个子系统，这四个子系统围绕解决特警体能训练中的实际问题，相互影响、相互促进，形成了一个完整的特警体能训练体系。

表1-1 特警体能训练体系主体构成调查结果 (N=38)

内容	一级指标	加权平均数	标准差	变异系数	筛选结果
特警体能训练体系	训练目标体系	4.53	0.60	0.13	保留
	训练内容体系	4.55	0.50	0.11	保留
	训练方法体系	4.71	0.46	0.09	保留
	训练评价体系	4.74	0.50	0.10	保留
	训练周期体系	2.53	1.16	0.45	删除

注：N 为参与调查的专家人数。

明确特警体能训练体系各要素的结构和功能将直接影响特警体能训练实践活动。特警体能训练体系主体构成的确定与特警职业需求、特警队员自身需要存在着密切的联系。

二、特警体能训练体系各主体要素的功能

特警体能训练体系作为一个整体，其功能大于各部分功能的简单叠加。制定合理的特警体能训练目标有利于正确引导研究的具体方向，科学划分特警体能训练内容有利于合理指导特警体能训练过程，选择有效的特警体能训练方法有利于培养特警队员完成不同训练任务的能力，客观的特警体能训练评价能够为制订和调整特警体能训练计划提供依据。特警体能训练目标、特警体能训练内容、特警体能训练方法、特警体能训练评价的主旨相同、目标一致，将各要素分层配置并相互关联，使它们共同构成整体密切相连的系统化逻辑体系，能够对特警体能训练实践发挥有效的指导作用。

（一）特警体能训练目标体系的功能

特警体能训练目标体系是指特警体能训练在一定时间范围内预期达

到的一系列目的和结果所构成的有机整体，主要解决"干什么"的问题。特警在工作中常常要处置各种反劫持、反恐怖事件，面对各类犯罪分子的拒捕、逃脱、暴力反抗等状况，因此，特警体能训练目标与竞技体育的体能训练目标存在较大差异。建立特警体能训练目标体系是制订特警体能训练计划的重要环节。特警体能训练目标体系既受到特警体能训练体系中其他要素的影响，也影响并制约着其他要素的关系和发展，在特警体能训练体系中发挥着其特有功能。

特警体能训练目标体系是特警体能训练体系中一个重要的子系统，能够引导特警体能训练体系的完整构建，使其始终围绕"社会对特警的需求是什么"及"我们要培养什么样的特警"等问题展开；特警体能训练目标体系是特警体能训练活动的起点和预期结果，对特警体能训练实践具有重要的导向作用；特警体能训练目标体系具有凝聚功能，能够引导特警体能训练参与者为实现目标而不懈努力；特警体能训练目标体系也是确定训练内容、选择训练方法和开展训练评价的依据，教师或教练能够依据特警体能训练目标体系及其他要素进行科学分析并做出恰当选择，避免进入特警体能训练实践的误区；特警体能训练目标体系还是特警体能训练的终点，能够为教师或教练判断和评价特警体能训练工作成绩提供客观标准和依据。

（二）特警体能训练内容体系的功能

特警体能训练内容体系由系列训练项目所构成，它是为实现特警体能训练目标，满足特警实战需求，由经过选择和设计的有目的、可执行的项目所构成的有机整体，可解决特警体能训练"练什么"的问题。特警体能训练内容体系通过由不同要素和部分构成的一个复杂的整体来发挥作用，是一个多层次、多维度的有机系统，探索和研究特警体能训练内容体系对于完善特警体能训练体系具有重要作用。

　　特警体能训练内容体系是沟通特警体能训练目标体系和特警体能训练方法体系的桥梁，有利于特警体能训练体系的进一步细化；特警体能训练内容体系由特警体能训练目标体系解构而来，是特警体能训练目标体系的具体化；特警体能训练内容体系内部各要素的筛选要符合特警实战需求和特警队员的个体需求，不同层次的特警体能训练内容有利于满足有不同基础和处于不同训练阶段的特警队员的个性化需求；特警体能训练内容体系也是构建特警体能训练方法体系、选择特警体能训练手段、确定特警体能训练负荷和安排的重要依据之一；特警体能训练内容体系的建立还有利于实现特警体能训练理论与实践的统一，为特警体能训练实践提供有效指导，是提高特警技战术水平必不可少的基础条件。

　　（三）特警体能训练方法体系的功能

　　特警体能训练方法体系是在特警体能训练内容的基础上，以特警体能训练目标为导向而选择的训练途径和办法的有机整体，是将特警体能训练活动中的目标、内容和手段等要素统一起来的结果，具体解决特警体能训练"怎么练"的问题。完整有效的特警体能训练方法体系既是科学训练实践的高度总结，又能够体现科学的训练原理，在承认特警体能训练体系是一个复杂的系统的同时，我们必须正视特警体能训练方法体系在这个大系统中的特殊地位。

　　特警体能训练方法体系既是实现特警体能训练目标体系的具体途径，也是特警体能训练内容体系的具体体现，还是特警体能训练体系的重要组成部分。特警体能训练内容体系具有相对的稳定性，而特警体能训练方法体系具有多样性，特警体能训练方法体系中各要素的合理配置，能够使特警体能训练内容与特警实战需求有机融合落到实处。特警体能训练方法体系也是特警体能训练目标和训练结果的中介，不同层次的训练方法包含训练手段、训练负荷、训练过程安排、外部环境等要素，各要素分别具备不同的功能和特点。合理安排训练手段、训练强度、训练量、练习时间，并针对不同训练环境科学设计训练过程，既有助于特警队员顺利完成不同训练阶段的具体任务，实现不同层次的训练目标，又能最终服务特警体能训练总目标，对于提高特警队伍的实战能力具有巨大推动作用。

（四）特警体能训练评价体系的功能

特警体能训练评价体系是指由对特警体能训练的起始状态、训练过程、训练实效进行价值判断的诸要素构成的有机整体。特警体能训练评价体系能够对各层次特警体能训练目标的实现程度进行科学、客观地测量和评估，具体解决训练过程中"练得怎样"的问题。客观评价体能训练实效是特警体能训练体系的重要方面，对科学化实施特警体能训练具有积极作用。

特警体能训练评价体系能够检验特警体能训练体系的完整运行效果，保障特警体能训练体系各要素的合理配置并发挥系统功效，特警体能训练评价体系内部各要素在训练的不同阶段和时期发挥着特定的作用。特警体能训练前的评价能够检验特警队员体能各要素的现实水平，分析特警队员身体机能、身体素质及身体形态方面的优势和不足，为设计个性化特警体能训练方案提供参考和依据；特警体能训练过程中的评价能够准确、有效、系统、及时地检验特警队员体能各要素的发展水平，进而对特警队员的身体机能状况和训练效果进行及时反馈，有利于教师或教练及时发现特警体能训练中存在的问题，为调整和优化特警体能训练计划提供依据；特警体能训练后期的效果评价能够检验特警体能训练目标体系的实现程度，协助教师或教练完善训练计划，促进特警队员身体素质和特警技战术水平不断提高。

小结

本章着重讨论特警体能训练体系构建的理论基础，界定重要概念，阐明特警体能训练体系的构建原则、逻辑主线和基本思路，明确特警体能训练体系的主体构成及其功能，为构建完整的特警体能训练系统提供理论支撑。

特警体能训练体系是指特警体能训练中相互联系、相互作用的各类要素按照一定规律及程序构成的有机整体，主要包括特警体能训练目标体系的确定、特警体能训练内容体系的划分、特警体能训练方法体系的选择和特警体能训练评价体系的实施等方面内容；明确特警体能训练体系构建需要遵循整体性、层次性、可操作性和发展性原则；提出特警体能训练体系的构建思路，指出特警体能训练体系构建应当从解决"是什么、干什么、练什么、怎么练、练得怎样"这几个问题展开；初步确定特警体能训练体系的主体构成及其功能，即特警体能训练体系主要包括特警体能训练目标体系、特警体能训练内容体系、特警体能训练方法体系和特警体能训练评价体系四个子系统。其中，特警体能训练目标体系主要解决训练中"干什么"的问题，特警体能训练内容体系主要解决"练什么"的问题，特警体能训练方法体系主要解决"怎么练"的问题，特警体能训练评价体系主要解决"练得怎样"的问题。

针对上述问题的研究能够统领特警体能训练体系构建的全过程，具有全局性、系统性的指导作用。下文则以系统理论为指导，深入分析"是什么"的问题，即重点研究特警技战术特征及体能需求。

第二章

特警技战术特征及体能需求分析

认识或研究一个项目首先需要以其特征为切入点，在此基础上逐步深入项目的本质和内部特征，继而探索影响项目发展的各个因素。明确特警体能需求，才能构建符合项目特征的专门体系。特警技战术体现出鲜明的职业特征，各项特警技战术特征需要不同的体能要素做保障。本章在构建特警体能训练体系的逻辑主线和基本思路的引导下，采用逻辑分析法将具有共同特点的特警技战术单项组合在一起，形成特警技战术子系统，并通过专家调查法筛选出对体能需求度较高的特警技战术项目进行深入分析；运用逻辑分析法归纳和演绎特警技战术特征；通过查阅文献资料、进行逻辑分析明确不同特警技战术特征对体能的需求，为制定特警体能训练目标、划分训练内容、选择训练方法等提供现实依据，使构建的特警体能训练体系能够切实服务特警实战。探究特警技战术特征及体能需求是构建特警体能训练体系的基础，也是本研究的重点之一。

第一节　特警技战术系统的内容

一、对特警技战术系统的内容的分类

特警技战术作为一项重要的实战能力受到特警队伍的重视，每位特

警队员都要扎实掌握特警技战术。根据不同特警技战术在实战中表现出的共性特征，对繁杂的特警技战术系统进行分类，并通过查阅文献资料、进行访谈调研等方法从繁杂的特警技战术系统中筛选体能贡献值高的关键项目进行深入分析，将具有共同特征和实战效用的要素进行合并归类，构成特警技战术训练子系统。

特警技战术训练主要包括防卫控制、攀登越障、警用武器使用、水中安全技术、战术行动、警械具使用、驾驶技术七个子系统（表2-1）。

表 2-1　特警技战术训练子系统

子系统	类别	主要训练内容
防卫控制	搏击、徒手防卫与控制	打法、摔法、拿法、格法、踢法、反关节技术、综合技术等
攀登越障	场地障碍	200 m、300 m、400 m 场地障碍
	基础攀登	攀爬立柱、软梯、水平梯子、吊杆、吊绳、网绳等
	楼房攀登	攀登避雷针、阳台、窗台、雨漏管、墙垛等
	其他地形攀登	先锋攀登、利用抛绳器攀登、结组攀登、抓绳攀登等
警用武器使用	精度射击	步枪精度射击、手枪精度射击等
	应用射击	手枪快速射击、隐显靶射击、移动目标射击、多目标射击等
水中安全技术	—	游泳技术、泗渡、水上救护、水中缉捕、水上射击等
战术行动	—	个人战术、小组战术、解救人质、清查与搜索战术等
警械具使用	—	手铐、警棍、盾牌、警绳等的使用

子系统	类别	主要训练内容
驾驶技术	基础驾驶	制动器使用、快速起步、前驶快速掉头、后驶快速掉头等
	道路驾驶	弯道技术、凹凸路段技术、高速技术、涉水技术等
	实战驾驶	追击技术、围堵技术、贴靠技术、顶撞技术等

二、对关键特警技战术的筛选

从繁杂的特警技战术系统中筛选简洁、具有针对性的关键技战术进行分析，有利于抓住事物的主要矛盾。深入分析特警技战术的体能需求，能够为特警体能训练的科学化发展提供一定的参考依据，促进特警体能训练和特警技战术训练的一体化进程，提高特警体能训练的实战效果。调查发现，特警技战术训练系统中对体能有较高需求的技战术项目主要包括防卫控制、攀登越障、警用武器使用、水中安全技术和战术行动。

（一）防卫控制子系统

防卫控制是指特警队员在执法过程中，在不能或不准使用武器时，以法律为依据，以拳、腿、拿、摔、控等为手段，控制或制服犯罪嫌疑人的一种专门的特警实战技能。作为特警执法活动中的强制性手段，防卫控制是特警队员保护人民群众和自身安全，与犯罪嫌疑人进行斗争的必备技能，也是特警技战术的重要组成部分。防卫控制子系统主要包含搏击、徒手防卫与控制等类别的技能。

（二）攀登越障子系统

攀登越障主要指特警队员根据执法需要，依靠警用装备克服悬崖峭壁、建筑等自然和人为障碍，到达指定位置完成特定特警行动的实战技能。攀登越障在反恐怖、反劫持等实战任务中发挥着重要作用。当特警队员在执法实践中遇到难以进入的高层建筑或难以直接发动攻击的空间时，攀登越障对特警队员在任务行动中逾越障碍和利用险阻地形出其不意地完成任务具有重要意义。攀登越障子系统主要包括场地障碍、基础攀登、楼房攀登及其他地形攀登等类别的技能。

（三）警用武器使用子系统

警用武器使用是指特警队员为保护人民群众生命财产安全，依据法律程序在执法行动中规范使用枪支、弹药等致命性警用武器的专门技能。警用武器使用子系统包括精度射击和应用射击等类别的技能。目前，我国特警队员的警用武器使用技能多停留在精度射击层面，难以真正满足特警实战需求。

（四）水中安全技术子系统

水中安全技术主要是指特警队员有效利用个人游泳技术在水中救助生命财产、缉拿罪犯的特警技术。扎实的水中安全技术有助于特警队员更好地完成水中执法活动，当特警队员实施水中缉捕任务时，良好的水中安全技术（如水上射击）有助于特警队员快速跟进、擒获和拖带犯罪嫌疑人，对完成侦查、隐蔽、伏击目标等实战任务具有重要意义。水中安全技术子系统主要包括游泳技术、泅渡、水上救护、水中缉捕、水上射击等技能。

（五）战术行动子系统

战术行动是指针对危害特警执法安全和公共安全的暴力对抗行为所进行的临场处置执法活动。开展战术行动训练旨在进一步提高特警的战术运用能力和执法水平。战术行动子系统主要包括个人战术、小组战术、解救人质、清查与搜索战术等内容。只有在有干扰且接近实战的环境下进行战术行动演练，才能锻炼特警队员应对现场状况的能力。

第二节 特警技战术特征

特警技战术特征是指特警队员在实战或训练中运用技能与战术时所表现出的特性。按照公安部"干什么就练什么，缺什么就补什么"的要求，深入分析关键的特警技战术特征，对于明确特警体能需求、构建特警体能训练体系具有十分重要的意义。对特警执行各项任务所需的技战术系统进行精细化分析，依据运用各技战术系统时所表现出的共性特征，我们可以抽象归纳出各技战术系统所呈现的特征。

一、特警技战术的精准性

特警技战术的精准性是指现代特警技战术训练在空间位置和时间计算上十分准确的特征。特警技战术的精准性主要体现在防卫控制击打精准、警用武器射击精准、攀登越障顶点突入精准等方面。

特警技战术的精准性有利于特警队员实现一招制敌，高质量完成实战任务；有利于实现"击必中，击必摧"的战术效果；有利于实现特警体能训练与特警实战需求的有机融合；有利于实现特警体能训练与特警技战术功效的最大化。特警队员在面对暴力冲突事件，尤其是在需要使用防卫控制技术制服或擒拿犯罪嫌疑人时，要具备精准击打目标的能力，以实现一招制敌；当事件升级，需要使用警用武器时，特警队员要能够沉着冷静，争取在短时间内扣动扳机，精确击中目标。

二、特警技战术的垂直性

特警技战术的垂直性是指特警队员在特定环境下携带警用装备克服自然障碍或人为建筑和障碍完成任务时，因重心在垂直方向上不断移动而体现出的特征。攀登越障子系统所包含的各项内容具有明显的垂直性特征，其主要内容是场地障碍、基础攀登、楼房攀登及其他地形攀登。

具备垂直性特征的特警实战技能在现代城市的特警活动中发挥着重要的作用，对特警队员在实战中逾越障碍、利用险阻地形完成任务、应对突发事件具有重要意义。随着城镇化进程的加快，难免会有违法犯罪活动发生在城镇楼房中。反恐特警队员在楼房建筑物内进行搜索时通常只能按照一定路线行进，而楼梯所形成的"致命漏斗形"通道会限制反恐特警队员的左右移动。在此背景下，为最大限度地摆脱楼梯造成的威胁、提高反恐防暴行动的战术隐蔽性，常需要特警队员选择索降方式破窗执行任务。

三、特警技战术的快速性

特警技战术的快速性是指特警队员运用技战术迅速完成任务时所体现出的特征。特警技战术的快速性一方面体现为单个技术动作的完成速度快，另一方面也体现为整个行动过程迅速。具备快速性的特警技战术主要反映在防卫控制的反应速度和动作速度、警用武器使用的反应速度和动作速度、快速完成特警实战任务等方面上。

特警技战术的快速性有利于特警队员在反恐实战中快速反应并顺利完成任务。在突发性或遭遇性反恐任务中，准确判断及快速处置能力有利于特警战斗力的快速生成。例如，在实战中快速实施防卫控制能够

"出其不意、攻其不备"，抓住战机给嫌疑人以有效打击；快速性作为警用武器使用的重要特征之一，强调搜索快、判断快、出枪快、瞄准快、击发快、准确命中。在面对暴力和涉枪案件时，警用武器的快速使用往往能够起到关键和决定性的制胜作用，例如特警队员遭遇暴恐分子时，若能先敌开火，即使未命中目标也能够威慑嫌疑人，为我方准确射击赢得宝贵时间。

四、特警技战术的易损伤性

特警技战术的易损伤性是指特警队员在技战术训练和执行任务过程中容易出现肌肉、肌腱、骨骼等组织损伤的特征。特警队员需掌握的技战术项目众多，部分项目具有一定的危险性，高强度的特警技战术训练也容易导致运动损伤。

开展特警技战术训练是提升特警队伍战斗力的必要保障，但长期的高强度训练导致特警队员频繁出现运动损伤，这在很大程度上限制了特警队伍战斗力的可持续发展。通过调查发现，北京市公安局反恐怖和特警总队蓝剑突击队队员腰部损伤的发生概率约为61.1%，肩部损伤的发生概率约为27.8%，膝、踝关节损伤的发生概率约为11.1%，致伤因素主要包括准备活动不充分、身体各个系统存在薄弱环节、局部负担过大、恢复措施不当等。正确认识特警技战术的易损伤性特征有利于引导教师或教练重视训练前的准备活动和训练后的恢复过程；重视机体的主动肌、协同肌、拮抗肌的均衡发展；重视动力链能量传递，及时发现弱链环节并进行强化训练；重视易损伤部位的强化练习，通过合理安排训练内容降低运动损伤的发生率。

五、特警技战术的整体性

特警技战术的整体性是指特警技战术系统作为一个由诸多素构成的有机整体而存在并发挥作用。特警技战术的整体性一方面体现为将特警体能、特警技能、实战战术看作一个完整的系统，系统内各要素相互联系、相互作用，共同为特警实战服务；另一方面体现为特警技战术系统对体能需求的整体性，良好的特警技战术需要系统全面的体能作为支撑。

特警技战术的整体性特征提示我们应当保持系统的观点，全面设计特警体能训练和技战术训练，不能片面追求特警技战术训练而忽视特警体能各要素的协调发展对战斗力生成的贡献。特警技战术训练应当以特警体能为基础，以提高特警实战能力为目的，力求使特警体能与特警技能、实战战术成为一个有机整体，要考虑特警体能训练过程的系统性和完整性，为提升特警战斗力提供有力支撑。在安排特警体能训练时应当将人体看作一个完整系统，避免孤立地强化某一环节，要加强身体各个系统环节的联系。在设计特警体能训练时，要遵循人体运动基本规律，结合运动训练学、运动解剖学、运动生理学等跨学科知识综合分析特警实战技能的动作结构，依据特警实战需求协同设计身体素质训练及能量代谢系统训练，最大程度实现"人—武器—技战术"的一体化训练。

第三节　体现不同特征的特警技战术的体能需求分析

特警体能需求是指特警队员在运用特警技战术完成任务时所需要的体能。体现不同特征的特警技战术对特警体能的需求存在差异，明晰特警体能需求的差异性有助于科学设计、系统安排特警体能训练。这里将重点依据以下三点剖析体现不同特征的特警技战术的特警体能需求。

第一，决定特警技战术水平的训练学因素。明确特警体能训练的关键是发展哪一种体能素质，如力量、耐力、速度、灵敏、柔韧和协调等素质，只有明确了影响特警技战术水平的关键体能素质，教师或教练才能够有针对性地设计特警体能训练计划。

第二，特警技战术动作的关节肌肉工作特点和动作特征。只有了解特警技战术动作的关节肌肉工作特点、动作发力顺序，教师或教练才能够选择特警体能训练方法，设计和实施特警体能训练方案。

第三，能量供应特点。任何动作的完成都需要能量代谢系统的参与，机体能量供应可以分为 ATP-CP 系统供能、糖酵解系统供能和氧化能系统供能，而运动中的能量不是单一供能系统提供的，明确特警技战术的主要供能系统能够为合理安排特警体能训练负荷、训练时间、间歇时间提供可靠依据。

一、体现精准性特征的特警技战术的体能需求

体现精准性特征的特警技战术项目主要包括防卫控制和警用武器使用。当前严重扰乱社会治安的恐怖及暴力性犯罪案件时有发生，特警队员更多地需要使用防卫控制子系统中的技术精准打击和制服犯罪嫌疑人；警用武器使用的精准性则要求特警队员能够沉着冷静，尽量在短时间内准确有效地击中目标，快速准确地击打目标不能单纯依靠消耗子弹的方式来培养，而应当重视特警体能训练对提高射击精准度的积极意义。实现特警技战术的精准性需要特警队员具备良好的力量素质和协调素质，协同发展主动肌、协同肌和拮抗肌，改善三大能量代谢系统的供能能力。

（一）素质需求关键点分析

1. 力量素质需求

力量是一切活动的基础，实现动作精准性要求特警队员具备良好的快速力量和稳定性力量。良好的快速力量有利于提高动作速度，做到快速击打目标和快速拔枪射击，为实现动作精准性奠定基础；稳定性力量对于控制人体运动时的重心稳定以及提高力量传递效率具有较好的效果。以鞭腿为例，支撑腿具备良好的稳定性力量能够为特警队员执行动作提供稳固支持，有利于保障动作完成的有效性。而保持稳固的射击动作，同样需要特警队员具备良好的稳定性力量，这对于瞄准射击、克服武器的后坐力具有重要作用。

2. 协调素质需求

特警技战术的精准性与特警队员的视觉、听觉、触觉、平衡觉和本体感觉密切相关，实现特警技战术的精确性需要特警队员具备良好的肌肉协调能力和动作协调能力。在结构上，关节将身体各环节相连构成了动力链，提高特警技战术的精准性，需要身体各环节协调配合，形成良好的节奏能力；在对抗射击中，当射击队员感受到威胁时，其生理和心理会产生一系列变化，使大肌群力量增加、小肌群精细协调能力下降，进而导致射击队员完成精细任务的能力下降，因此要加强对控制身体平衡的小肌群的训练；射击的精准性要求特警队员具备良好的本体感觉，尤其对手指本体感觉能力提出了较高的要求；保持特警技战术的精准性还要求特警队员具备良好的空间定向能力，这将有利于有效地命中目标。

（二）动作分析

动作分析有利于加深对特警技战术动作的特征的理解，可为系统制定和实施训练方案、安排训练过程提供参考。防卫控制子系统、警用武器使用子系统包含的技能项目较多，下文主要选择鞭腿动作和双手对等三角式手枪射击动作进行分析。

1. 鞭腿动作分析

实施鞭腿动作时，髂腰肌、股直肌、阔筋膜张肌等在近固定条件下主动收缩完成屈髋动作，同时配合臀中肌、臀小肌的收缩使髋外展，并借助旋髋肌群的作用使下肢沿躯干垂直轴进行旋转，随后在股四头肌收缩完成伸膝动作的同时，小腿三头肌收缩完成踝关节跖屈。支撑腿膝关节的主动肌（股直肌、股内侧肌、股外侧肌等）能够使支撑腿积极蹬地发力，而作为拮抗肌的股二头肌经过适度激活能够维持膝关节和支撑腿的稳定性，防止膝关节过度超伸，避免引起膝关节运动损伤，小腿三头肌收缩有利于维持踝关节跖屈，胫骨前肌适度激活能够维持踝关节的稳定，各肌群协同工作有利于实现精准击打目标。通过动作分析可知，保持动作的精准性要重视动力链能量传递效率，所以教师或教练不仅要重视下肢力量训练，还要重视核心区稳定性力量训练和旋转爆发力训练。只有主动肌、协同肌、拮抗肌之间进行合理的互动，才能有效提高动作效率，肌群力量不平衡不仅难以保证动作的精准性，还容易导致运动损伤的发生。

2. 双手对等三角式手枪射击动作分析

双手对等三角式手枪射击动作要求特警队员双膝微屈，身体朝向射击目标，上体稍前倾，肩关节屈曲，肘关节伸直，从俯视视角看，双手与身体呈对等三角形。要准确发挥射击技术的功能，必须使产生环节运动的主动肌和拮抗肌协同工作，只有这样才不会影响射击命中的精准性。平时训练中特警队员应当对正确的动作模式进行反复练习，从而形成正确的动力定型。

（三）能量代谢需求分析

在能量代谢方面，特警技战术的精准性对三大能量代谢系统均提出较高要求。防卫控制以精准击打目标需要肌肉通过在短时间内进行爆发性收缩来发力，该过程主要靠 ATP-CP 系统供能；当发起连续攻击时，完成连续的爆发性动作在一定程度上要依靠糖酵解系统参与供能，所以特警队员要具备较强的糖酵解供能能力。在警用武器使用的精准性方面，特警队员要具备良好的有氧和无氧供能能力。特警队员有可能在经过长途奔袭后与暴恐分子发生正面冲突，此时特警队员要保持射击的精准性，这对特警队员的氧化能系统提出较高要求，在实战训练中也会设置快速通过障碍后射击、跑动射击等项目，因此特警队员也需要对糖酵解系统进行专门训练。

（四）体现精准性特征的特警技战术的体能需求关键点分析

从素质、动作、能量代谢三个维度，分析体现精准性特征的特警技战术的体能需求关键点（表2-2）。从素质方面来说，提高特警技战术的精准性需强化力量素质和协调素质，改善快速力量和稳定性力量，加强机体平衡能力训练和本体感觉能力训练；从动作方面来说，分析动作有利于有效地安排力量训练，精准性要求重视机体的动力链结构，协同发展四肢和核心区力量，即不仅要强化主动肌力量训练，还应加强协同肌和拮抗肌训练；从能量代谢方面来说，提高特警技战术的精确性要结合实际需求发展多种能量代谢系统的供能能力。

表 2-2　体现精准性特征的特警技战术的体能需求关键点分析

体能要素		具体需求
素质	力量	快速力量、稳定性力量
	协调	加强机体平衡能力训练和本体感觉能力训练，提高节奏能力和空间定向能力
动作		重视动力链结构，协同发展四肢及核心区力量，注重主动肌、协同肌和拮抗肌同步发展
能量代谢		ATP-CP 系统、糖酵解系统、氧化能系统

二、体现垂直性特征的特警技战术的体能需求

体现垂直性特征的特警技战术项目主要是攀登越障中的技能，特警队员完成攀登越障需掌握攀、爬、抓、蹬、翻等多种动作。实现特警技战术的垂直性需要重视力量素质训练和协调素质训练，强化各关节主动肌力量训练，加强 ATP-CP 系统供能能力和糖酵解系统供能能力训练。

（一）素质需求关键点分析

力量素质是保障动作完成的重要基础，垂直方向的攀登越障需要特警队员具有良好的快速力量和力量耐力，良好的上肢快速力量有助于特警队员在垂直方向上的运动中更省力地完成任务，高水平的下肢快速力量有助于减轻身体对手指力量和手臂力量的依赖，提高技战术的完成效果。攀登越障的训练内容还要求特警队员具备较好的协调素质，在进行爬绳上、滑绳下、定点入窗等技术训练时，绳子通常只有一端固定，特警队员需要在完成技术动作的过程中控制身体平衡以便快速完成任务，如果能够在控制身体平衡的前提下利用惯性顺接上一动作，就可以有效地节省体力，提高动作效率。

（二）动作分析

从运动解剖学角度分析，体现垂直性特征的特警技战术多通过"手部抓握——上肢引体——收紧核心、屈髋——下肢蹬伸"协调配合完成。进行训练时，手部抓握支点，通过上肢屈肘提拉、背部肌肉收缩完成引体，核心区收紧完成屈髋，下肢完成蹬伸，同时，核心区与下肢协调配合以控制身体重心并维持身体平衡。强化手部抓握力量、上肢力量、上背部力量对于掌握攀登越障技能起着关键作用；良好的核心区力量对于灵活控制和移动重心、减轻双手负荷、维持身体平衡以及提高动作效率具有重要作用。

（三）能量代谢需求分析

在场地障碍中，快速通过单个障碍物的时间小于 5 s，将对 ATP-CP 供能系统提出较高的要求。各障碍物无规律地穿插组合在一起，相距 15~20 m，通过整个障碍物的时间约为 2 min，这就要求特警队员在 ATP-CP 供能系统尚未完全恢复的情况下仍然可以保持较高的能量输出效率，这需要机体的糖酵解供能系统高度发达。日常训练的攀登高度约为 18 m，特警队员要在 25~50 s 内完成各类攀爬训练，包括攀爬避雷针、雨漏管、窗台、阳台等内容，这同样对特警队员的糖酵解供能系统提出较高要求。

（四）体现垂直性特征的特警技战术的体能需求关键点分析

从素质、动作、能量代谢三个维度，分析体现垂直性特征的特警技战术的体能需求关键点（表2-3）。从素质方面分析，特警技战术的垂直性要求重视力量素质训练和协调素质训练，在力量素质训练方面，要加强快速力量和力量耐力的训练，协调素质训练则应加强平衡能力训练；通过分析动作可知，体现垂直性特征的特警技战术需要强化各环节主动肌的力量，重视四肢和核心区力量的协同发展；能量代谢方面则要结合实际需求发展 ATP-CP 系统供能和糖酵解系统供能的能力。

表 2-3　体现垂直性特征的特警技战术体能需求关键点分析

体能要素		具体需求
素质	力量	加强快速力量、力量耐力的训练
	协调	加强平衡能力训练
动作		强化各环节主动肌的力量，重视四肢和核心区力量的协同发展
能量代谢		ATP-CP 系统供能和糖酵解系统供能的能力

三、体现快速性特征的特警技战术的体能需求

体现快速性特征的特警技战术项目主要包括防卫控制、警用武器使用、水中安全技术三个子系统中的多个技能项目。运用防卫控制技能时只有体现快速性才能达到"先发先中"和"后发先中"的效果；"快速击发、先敌开火"在特警与犯罪分子的突发遭遇战中具有重要意义；快速游泳的技能有利于特警对犯罪嫌疑人进行抓捕。实现特警技战术的快速性需要特警队员具备良好的力量素质、速度素质、协调素质和灵敏素质，采用组合方式开展四肢和核心区力量训练，发展无氧代谢系统供能的能力。

（一）素质需求关键点分析

1. 力量素质

快速性要求特警队员具备较好的快速力量、反应力量和力量耐力。良好的快速力量有助于提高击打速度，以及运用游泳技术接近目标时的移动速度；反应力量能够使特警队员迅速完成先离心后向心收缩的爆发

性动作，提高越障速度；力量耐力则有助于提高游泳速度和防卫控制中的连续快速进攻能力。需要指出的是，游泳力量训练要结合陆上训练与水中训练来进行，单一力量训练很难直接提高游泳速度。

2. 速度素质

快速性是反应速度、动作速度、移动速度的综合体现。要实现特警技战术的快速性必须准确及时地捕捉对手意图并快速做出反应，通过必要的动作速度来实现快速命中目标的效果。例如，在运用鞭腿击打目标时，即使未充分挺髋，但若缩短完成整个动作的时间，也能够相对缩短对手的反应时间，先发制人。此外，要实现特警技战术的快速性还需具备良好的移动速度，以达到快速接近目标、结束战斗的目的。在进行场地障碍训练时，特警队员不仅需要较快的直线移动速度，还需要较快的单个技术动作的完成速度，较高的减速能力和变向启动能力。

3. 协调素质

良好的协调素质有利于加速攻防转换，使特警队员快速完成防守反击，提高战术任务的成功率。良好的节奏能力、合理的肌肉激活程度有利于形成正确的动力定型，提高动作的完成速度；优良的空间定向能力有利于特警队员快速有效地完成动作，提高动作速度；手枪快速射击需要食指连续、快速扣动扳机，对食指的本体感觉能力提出较高的要求。

4. 灵敏素质

特警队员在实战中要能够在各种突然变化的条件下，快速、协调、准确地改变身体运动方向和空间位置，这不是具有一定的力量素质和速度素质等基础素质就可以解决的，也不是单靠技战术训练就能够达到的，特警队员必须通过多种专门性训练才能在实战中掌握并灵活运用这种灵敏素质。在实战训练及执行任务的过程中，战斗情况瞬息万变，特警队员需不断根据外界环境的变化做出快速反应，具备较好的灵敏素质的特警队员在特警活动中将占据巨大优势，他可以有效处理各种突发情况，充分展现特警队员的综合实战能力。

（二）动作分析

体现快速性特征的特警技战术项目众多，本研究选取特警日常活动中运用较多的特警技战术项目（如快速掏枪、蛙泳）进行动作分析，为合理制订训练计划、实施特警体能训练提供理论依据。

快速掏枪要求特警队员快速从枪套中取出手枪，推弹上膛，立即形成射击姿势，这能够使特警队员在突然遭遇犯罪分子时掌握主动。以特警常用的腿挂式携枪（右侧）为例，这需要特警队员右肘关节内旋使枪面向左，右臂屈肘提拉至胸前，之后右侧肩关节外展，同时左臂屈肘上抬，当双手配合完成上膛动作后，双侧肩关节内收、伸肘，双手前推成双手据枪射击动作。将上述动作分解开可以简单视为"上臂提拉（屈肘、肩关节外展）—伸臂（肩关节内收、伸肘）"动作。

水中安全技术的快速性要求特警队员具备良好的快速运动能力，所以特警队员需要加强快速力量训练，重视核心区力量训练和各环节稳定性训练。以蛙泳为例，在向前伸臂的基础上产生外划与内划动作将构成一个完整的蛙泳动作周期。快速伸臂发生在内划结束时，肘部随指尖前伸，伸臂时两臂在肩关节处前屈，该动作主要依靠三角肌前束完成，伸肘动作主要依靠肱三头肌完成。前臂内旋发生在伸臂后的外划阶段，该过程中主动肌为旋前圆肌和旋前方肌，上臂在肩关节处内旋，该过程中主动肌为背阔肌、胸大肌。内划的动作是通过上臂在肩关节处内收和后伸来完成的，动员肌群主要是肱二头肌、胸大肌、三角肌、肱三头肌和背阔肌等。蛙泳下肢动作包括在收腿基础上进行的翻脚和蹬夹水动作，收腿时屈髋、屈膝，该过程中主动肌为髂腰肌、股直肌、阔筋膜张肌。翻脚包括小腿外旋和脚外翻动作，屈膝时，小腿绕垂直轴产生幅度较小的转动，该过程中主动肌为股二头肌。蹬夹水动作是指髋、膝、踝关节依次伸展，在翻脚后小腿内侧、脚内侧向内夹水，脚底尽量后蹬的动作，伸髋的主动肌包括臀大肌、股二头肌、半腱肌、半膜肌，伸膝肌群为股四头肌。

（三）能量代谢需求分析

体现快速性特征的特警技战术对无氧供能能力要求较高。测试发现，特警队员在日常进行防卫控制训练时，单个动作的完成时间约为1 s。肌肉在短时间内进行爆发性收缩主要靠 ATP-CP 系统供能。训练中进行攻防需要特警队员不断寻找对手的空档和薄弱之处，抓住战机完成一系列爆发性动作，这在一定程度上要依靠糖酵解系统参与供能。特警队员完成转身手枪快速射击的用时不超过 2 s，这表明提高警用武器使用时的反应速度和动作速度对特警队员的 ATP-CP 系统供能能力要求较高。

（四）体现快速性特征的特警技战术的体能需求关键点分析

从素质、动作、能量代谢三个维度，分析体现快速性特征的特警技战术的体能需求关键点（表2-4）。从素质方面分析，实现特警技战术的快速性需要特警队员具备良好的力量素质、速度素质、协调素质和灵敏素质，在速度素质方面，特警队员要具备良好的反应速度、动作速度、移动速度。速度还与肌肉力量的大小有关，肌肉力量越大，克服外界阻力做功的能力越强，故提高特警技战术的快速性应当强化力量训练，包括针对快速力量、反应力量和力量耐力的训练。实现特警技战术的快速性还需要发展协调素质，扎实的灵敏素质有利于特警队员在实战中规避风险，高效完成训练和工作任务。根据动作分析可知，实现特警技战术的快速性要注重四肢和核心区肌肉的协同发展。能量代谢方面则要重视 ATP-CP 系统和糖酵解系统的供能能力训练，为实现特警技战术的快速性提供能量保障。

表 2-4　体现快速性特征的特警技战术的体能需求关键点分析

体能要素		具体需求
素质	力量	快速力量、反应力量、力量耐力
	速度	反应速度、动作速度、移动速度
	协调	节奏能力、空间定向能力、专门感觉能力
	灵敏	快速、协调、准确地改变身体运动方向和空间位置
动作		注重四肢和核心区肌肉的协同发展
能量代谢		重视 ATP-CP 系统、糖酵解系统的供能能力训练

四、体现易损伤性特征的特警技战术的体能需求

特警体能训练缺乏系统安排，容易导致特警队员在技战术训练过程中出现运动损伤，对特警队员的工作生活及特警队伍战斗力的生成产生一定影响。我们应当从素质、动作和能量代谢方面深入认识体现易损伤性特征的特警技战术的体能需求，科学安排特警体能训练，有效降低运动损伤的发生率，在保障特警队员健康的基础上提高其实战水平。

（一）素质需求关键点分析

良好的柔韧素质有利于改善关节的灵活性，能够对肌肉的延展能力和关节的活动度起到积极作用，能够在一定程度上清除限制关节运动的障碍，有助于增大动作幅度，实现肌肉力量的最大化，降低运动损伤的

发生率；稳定性力量是指关节周围对维持人体稳定性起着重要作用的肌群的力量，良好的关节稳定性能够保证关节之间力的有效传递，而关节稳定性差不仅会使动作的经济性受到影响，还可能增加运动损伤风险；协调素质作为一种综合素质受到平衡能力、本体感觉能力、节奏能力等多种因素的影响，良好的协调素质有利于维持机体的稳定状态。多种素质协同配合能够降低特警队员出现运动损伤的风险。

（二）动作分析

动作分析有利于合理安排训练，特警队员在特警技战术训练过程中伤病频发的原因除准备活动不充分、局部负担过大、恢复措施不当外，还包括训练动作不符合机体生理解剖结构。系统的结构决定其功能，人体肌肉大多呈螺旋状附着在骨骼上，从而使动作能够在多个平面上完成，缺乏多平面训练，容易导致动作僵硬不灵活，严重时会破坏动作协调性，引发运动损伤。特警体能训练应当考虑机体生理解剖结构的三维特征，动作方向的设置应结合矢状面、额状面和水平面，部位上要使表层、中间层和深层肌肉共同参与，形态上要协同发展大小肌群，使主动肌、协同肌、拮抗肌有序发力；任何特警技战术都不是单关节的运动，都需要多个环节的联动，要及时发现动力链中的薄弱环节，弱链的存在一方面容易引起该环节的损伤，另一方面也可能引起相邻环节的代偿，若超出替代结构的生理承受范围，将会使代偿部位向"失代偿"发展，从而引发运动损伤。

（三）能量代谢需求分析

日常体能训练过于重视有氧耐力训练，忽视无氧耐力训练，使机体的抗乳酸能力较弱，高强度的特警技战术训练首先动用 ATP-CP 系统提供能量，但骨骼肌内 ATP 储量有限，只够维持肌肉进行最大收缩 3~4次，或维持最大持续做功 1~2 s，连续的爆发性动作在一定程度上依靠糖酵解系统提供能量，因此，特警队员在特警技战术训练过程中容易产生乳酸堆积，进而导致训练中产生疲劳，最终造成运动损伤的发生率上升。这提示我们，训练中要降低运动损伤发生率必须重视无氧代谢能力训练。

（四）体现易损伤性特征的特警技战术的体能需求关键点分析

从素质、动作、能量代谢三个维度，分析体现易损伤性特征的特警技战术的体能需求关键点（表 2-5）。从素质方面分析，特警技战术的易损伤性要求特警队员加强柔韧素质训练，提高机体关节的灵活性，最大限度清除关节运动障碍；加强全身关节及周围肌肉、韧带、肌腱等组织的稳定性；强化协调能力训练，重视平衡能力、本体感觉能力和节奏能力训练。在动作方面，特警体能训练则要求训练动作符合人体生理解剖学特征，协同发展主动肌、协同肌、拮抗肌力量。在能量代谢方面，特警体能训练则要求合理安排有氧供能系统和无氧供能系统的供能能力训练，重视无氧供能系统在特警技战术训练中的重要作用。

表 2-5 体现易损伤性特征的特警技战术的体能需求关键点分析

体能要素		具体需求
素质	柔韧	清除限制关节运动的障碍，增大动作幅度，提高关节灵活性
	力量	重视稳定性力量，提高机体稳定性
	协调	重视平衡能力、本体感觉能力、节奏能力训练
动作		设计符合人体生理解剖结构的训练动作，协同发展主动肌、协同肌、拮抗肌力量
能量代谢		强化 ATP-CP 系统、糖酵解系统、氧化能系统的供能能力

五、体现整体性特征的特警技战术的体能需求

特警技战术的整体性要求特警体能训练的安排必须从全局观念出发，体能训练的最终目的是服务特警实战，提高特警队伍整体的战斗力。我们应当从素质、动作和能量代谢三方面认识特警体能训练，合理安排特警体能训练的各要素。

（一）素质需求关键点分析

安排素质训练时应当重视整个运动系统的关联性和运动性。人体的多数运动需要多种身体素质做支撑，教师或教练应当合理组合力量、速度、耐力、灵敏、柔韧、协调等多种身体素质的训练，在改善机体灵活性和稳定性的基础上全面提高特警队员的身体素质，强化其战斗体能，系统科学地安排一般身体素质训练和战斗身体素质训练。提高特警队员整体的运动能力，将其打造成一支"召之即来、来之能战、战之必胜"的"尖刀队伍"。

（二）动作分析

人体作为一个整体来完成某项技术的过程需要多个系统的参与，人体的多数运动过程是需要多关节和多肌群参与的多维非对称性发力过程，强调各肌群间的协调配合能力和神经肌肉系统的控制能力。

以直拳为例，虽然最终的发力部位是手，但其整个动作却是包括"髋、膝关节的屈伸——躯干绕垂直轴的扭转——上肢各关节的屈伸和旋转"的动力链运动。要使动力链远端环节获得最大的速度，全身各个环节需在多平面、多维度上协调发展，力量从地面沿动力链顺次通过人体各环节（腿——躯干——肩——肘）最后传递到肢体远端（腕或手）。从动作结构上分析，出拳侧肩峰速度取决于下肢与躯干发力，其

中，下肢肌肉发力对击打效果的贡献率达到44.4%。躯干旋转主要由腹内斜肌和腹外斜肌完成，竖脊肌主要起到稳定身体的作用，三角肌前束发力使肩关节屈曲，其对击打效果的贡献率约为11.2%。最后，三头肌的发力使拳速达到峰值，其对击打效果的贡献率约为44.4%。可见，对拳速产生影响的因素不只是上臂肌肉，下肢、躯干的共同参与使人体各部分协同工作，提高了动作效率。因此，特警体能训练应根据整体性特征进行安排，避免发展单一肌肉的做功能力，强调能量在动力链上的有序传递，重视不同环节的肌群的协调和平衡，提高动作的完成效率。

（三）能量代谢需求分析

特警技战术项目较多，各种实战技能的动作结构和节奏缺少规律，这就使其能量代谢特点较竞技体育项目更为复杂。特警技战术要求特警队员具备快速运动能力、较强对抗能力和持续运动能力。扎实掌握特警技战术要求特警队员的 ATP-CP 系统、糖酵解系统和氧化能系统都要充分动员，且三个能量供应系统要高度发达，其中有氧能力是基础，无氧能力是核心。

（四）体现整体性特征的特警技战术的体能需求关键点分析

从素质、动作、能量代谢三个维度，分析体现整体性特征的特警技战术的体能需求关键点（表2-6）。从素质方面分析，系统掌握各项特警技战术，对特警队员的身体素质提出了全面要求。身体素质方面要求给特警队员系统安排一般身体素质训练和战斗身体素质训练。动作方面要求教师或教练重视机体各关节的动力链运动，设计涉及多关节、多平面的动作训练，使动作符合机体运动解剖学特征和实战技能发力顺序。能量代谢方面要求教师或教练根据特警实战需求合理安排三大能量代谢系统混合供能训练。系统科学地安排各项身体素质和能量代谢系统训练，有利于从总体上提高特警队员的运动能力。

表 2-6   体现整体性特征的特警技战术的体能需求关键点分析

体能要素	具体需求
素质	合理组合力量、速度、耐力、灵敏、柔韧、协调等多种身体素质的训练，系统安排一般身体素质训练和战斗身体素质训练
动作	设计符合机体运动解剖学特征并体现特警技战术动作特点的训练，重视机体各关节的动力链运动
能量代谢	合理安排 ATP-CP 系统、糖酵解系统、氧化能系统混合供能训练

小结

本章重点分析"是什么"的问题，通过划分特警技战术子系统、抽象特警技战术特征、分析特警技战术体能需求，为制定特警体能训练目标、设计特警体能训练内容、选择特警体能训练方法等提供现实依据，使特警体能训练体系能够满足特警实战需求。

本章将具有共同特征和实战效用的特警技战术合并在一起，形成特警技战术子系统，并筛选出对体能需求度较高的防卫控制、攀登越障、警用武器使用、水中安全技术和战术行动五个子系统；以特警实战中运用各项技战术时所表现出的共性为依据，揭示了特警技战术具有精准性、垂直性、快速性、易损伤性和整体性特征。

从素质、动作、能量代谢三个维度分析体现不同特征的特警技战术的体能需求。在素质方面，特警技战术的精准性要求提高特警队员的力量素质和协调素质，改善其快速力量、稳定性力量和平衡能力；特警技战术的垂直性要求特警队员具备良好的快速力量、力量耐力；特警技战术的快速性对力量、速度、协调和灵敏等身体素质均提出较高要求；特警技战术的易损伤性则要求加强特警队员的柔韧、力量和协调等身体素质训练，改善其机体灵活性和稳定性；特警技战术的整体性对特警队员的身体素质提出较为全面的要求。从动作入手进行分析，要求训练动作的设计符合机体运动解剖学特征并体现特警技战术动作特点，重视四肢和核心区力量的协同发展，强调主动肌、协同肌、拮抗肌力量的均衡发展，重视关节的动力链运动。在能量代谢方面则要求系统提高特警队员的三大能量代谢系统的供能能力，尤其应重视无氧代谢能力训练。需要注意的是，有氧代谢能力训练是基础，无氧代谢能力训练是关键。

通过对特警技战术特征及其体能需求的分析，明确了特警技战术系统的内部特征，深入认识了影响特警技战术发展的体能要素，能够为特警体能训练体系构建提供依据。但认识特警技战术特征及其体能需求只是特警体能训练体系研究的一个前提和保障，其目的在于为充实特警体能训练体系内部要素服务。下一步我们需要在本章研究的基础上研究特警体能训练体系结构中的第一个要素，明确特警体能训练所要达到的目标状态，构建特警体能训练的目标体系，即回答"干什么"的问题。

第三章

特警体能训练目标体系

特警体能训练目标直接指向"干什么"的问题。目标是行动的起点，是人们的行动所要达到的预期结果，对行动发挥着重要的导向作用，各种行动皆统一于目标中；目标还是行动终点，目标的实现意味着行动的终结。没有目标的行动是盲目的行动，没有目标的指导是盲目的指导。在进行特警体能训练之前，我们首先应当确定特警体能训练目标体系，只有在此基础上我们才能够进一步划分特警体能训练内容、选择特警体能训练方法、制定特警体能训练评价标准、完成特警体能训练计划，才能有条不紊地安排特警体能训练并达到所希望的效果。本章在特警技战术特征及其体能需求分析的基础上，结合特警实战需求构建特警体能训练目标体系，重点分析其层次结构。特警体能训练目标体系的完整呈现能够系统全面地指导特警体能训练过程，为特警体能训练体系其他要素的选择和配置提供向导，是特警体能训练体系构建的重要环节。

第一节　特警体能训练目标体系的界定

目标是组织预期达到的目的或结果，具有预测性、激励性和可计量性等特征。训练目标则是训练的指导者和被指导者在训练活动中预期达到的目的，具有明显的层次性和阶段性，受训练的内容、时间和范围等要素的制约。

本研究认为，特警体能训练目标体系是指特警体能训练的目标取向和理念思想，是特警体能训练在一定时间范围内预期达到的一系列目的和结果所构成的有机整体，按照层次可以划分为基层目标、中层目标、上层目标，按照内容又可以划分为具体目标、中间目标、总目标。

特警体能训练目标体系是一个由系列目的和结果构成的多层次系统，要求训练目标在一定的时间范围内完成，明确目标体系可以从层次和结构上进行划分。特警体能训练目标体系是特警体能训练体系构建过程中需要首先解决的问题。特警体能训练目标体系的设立是完整训练过程行为链上的一个重要环节，只有明确特警体能训练目标体系才能够系统科学地实施特警体能训练过程，使特警体能训练过程的每一环节都围绕目标体系进行。客观合理的特警体能训练目标体系能够提高特警体能训练的质量和效果，引导特警体能训练走向成功；科学的特警体能训练目标体系能够为划分特警体能训练内容、选择特警体能训练方法提供依据，同时也能够为判断和评价训练效果提供依据和标准。

第二节　特警体能训练目标体系的构建依据、原则和思路

构建特警体能训练目标体系的基础是系统理论，依据是特警实战需求和特警动作技能的发展规律。只有在科学的系统理论的指导下，充分了解特警技战术特征及其体能需求，才能有针对性地制定特警体能训练

目标体系，实现各要素的优化配置，提高特警体能训练目标的效度。

一、特警体能训练目标体系的构建依据

（一）特警实战需求

特警体能训练目标并不像竞技体能训练目标一样追求身体运动的极限，而是直接或间接地为良好的特警技战术表现提供支持，一切训练都应建立在服务实战的基础上。具有精准性、垂直性、快速性、易损伤性、整体性特征的特警技战术要求特警队员在实战中能够精准打击目标，灵活掌握垂直方向的运动技能，在训练和实战中快速灵活地改变身体运动方向，提高抵抗运动损伤的能力，形成正确的动作模式，全面提高特警队员的身体素质和能量代谢水平，提高特警队伍整体的战斗力。

扎实掌握各类特警技战术首先需要保障特警队员具备良好的健康状况。特警体能训练中伤病率较高的问题容易导致体能训练效率低下，因此，我们要重视特警技战术的易损伤性特征，系统科学地安排特警体能训练，提高其抵抗运动损伤的能力。同时，在此基础上全面发展特警队员的力量、速度、耐力、灵敏等一般身体素质，不断提升其身体能力，为其掌握具有精准性、垂直性、快速性等特征的特警技战术做好体能保障。在一般身体素质得到扎实提高的前提下，进一步安排与特警技战术结合度较高、能体现岗位特色的专门性训练，力求使特警体能训练融入特警实战过程，实现"训战一体化"，充分体现特警体能训练体系的整体性特征。

（二）动作技能的发展规律

按照动作技能的渐进性发展规律，可将动作技能分为基础动作技

能、动作熟练性屏障、成熟动作技能和高级动作技能。基础动作技能是指机体在不同生长阶段形成和发展的基本动作模式。动作模式是指机体在时间和空间维度上所表现出的一系列整体解剖动作，正确的动作模式表现为完成动作时机体稳定、对称、没有代偿动作，是运动技术形成的基础；机体获得的基础动作技能需要突破动作熟练性屏障，为掌握成熟动作技能与高级动作技能奠定基础。成熟动作技能是指相对复杂的技术动作，这些动作对身体素质具有较高的要求。高级动作技能则需要很强的精细动作控制能力，是对动作完成情况提出的更高层次的要求，大多数特警实战技能属于这一层次，比如防卫控制、攀登越障等，这些实战技能需要在基础动作技能与成熟动作技能的基础上，充分调动机体神经系统，使肌肉与神经系统协调发展，这一层次的动作技能是决定特警实战能力的关键。

二、特警体能训练目标体系的构建原则

（一）导向性原则

导向性原则是指特警体能训练目标体系能够对特警体能训练活动起到方向性引导作用。特警体能训练目标体系的各要素是为了完成特警体能训练总目标而有机组合在一起的，是为了满足一定的社会需求而产生的，一切训练理论和实践都应当围绕这一最终目的而展开。特警体能训练的最终目的是服务于特警技战术，提高特警实战水平，所以特警体能训练目标体系具有明显的职业特色。特警体能训练目标体系的各要素应能够科学引导特警体能训练的各个环节，使每次训练活动都能够围绕特警体能训练目标的实现而全面进行和展开。

（二）层次性原则

层次性原则是指系统的构建要素之间存在地位、等级的相互关系，特警体能训练目标体系是一个多层次的系统，它既有上层、中层、基层目标之分，又有总目标、中间目标、具体目标之别。特警体能训练是为了实现各目标而展开的，最终目标的实现是一个曲折的长期过程，需要分阶段、分层次实现。正确处理目标的不同层次，有利于实现各层次的有序发展，确保最终目标的达成。

（三）整体性原则

构建特警体能训练目标体系需遵循整体性原则。特警体能训练目标体系虽是一个多层次的系统，但各层次之间紧密联系、环环相扣，共同构成一个整体。我们在构建特警体能训练目标体系时必须秉持全局观念，不能孤立地看待特警体能训练目标体系的各要素，要密切联系特警体能训练目标体系的各个层次，即下一层次目标为上一层次目标服务并支持总目标，总目标的达成依赖于中间目标和具体目标的实现，目标的安排既要符合整体性要求，又要在不同层面上更加具体，各层次的目标之间只有相互配合才能够发挥出最佳的整体功效。

三、特警体能训练目标体系的构建思路

特警体能训练目标体系是一个多层次的系统，密切联系特警体能训练目标体系的各要素，正确处理各要素之间的关系对于科学指导特警体能训练具有重要意义。本研究通过咨询相关专家，确定从层次和内容方面来分析特警体能训练目标体系的结构。

从层次方面分析，特警体能训练目标体系可以分为基层目标、中层目标和上层目标。各层次目标并非孤立存在，而是作为一个有机整体互相联系、互相递进、层层提高。上一层次的特警体能训练目标规范和制约着下一层次的特警体能训练目标，下一层次的特警体能训练目标又是上一层次的特警体能训练目标的有力保障。

　　按照系统理论的分析方法，依据梯级延伸的构建思路，在充分考虑特警实战需求、剖析动作技能发展规律的基础上，形成了特警体能训练目标体系的构建思路（图3-1）。特警体能训练目标体系从内容上被分为总目标、中间目标和具体目标。总目标的实现依赖于分目标作用的发挥，中间目标和具体目标是总目标的分解和有机结合。特警体能训练目标体系的各要素之间相互联系、相互影响，我们要密切联系特警体能训练目标体系的各要素，保障各项目标的有序实现。

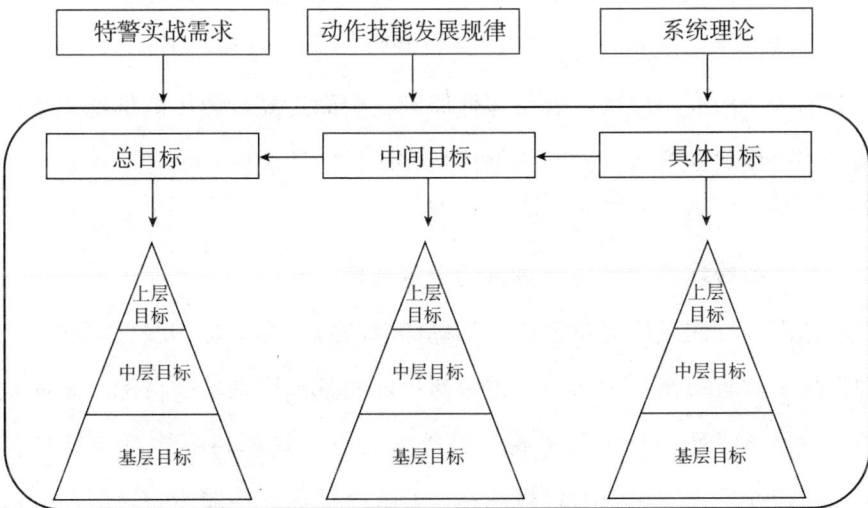

图3-1　特警体能训练目标体系的构建思路

第三节 特警体能训练目标体系构建

特警体能训练既不是为了创造最佳运动成绩，也不是为了突破身体运动极限，它是为了确保特警队员扎实掌握特警技战术和完成为特警任务而设计的专门性训练，因此，特警体能训练目标体系的各内部要素具有明显的职业特性。构建特警体能训练目标体系必须依据特警实战需求、动作技能的发展规律，只有充分了解特警技战术特征及其体能需求，深刻理解特警体能训练目标和特警能力要求，并遵循动作技能的发展规律，才能够有针对性地构建特警体能训练目标体系，最大化提高特警体能训练目标效度。特警体能训练应当定位在"服务实战、全面提高、预防损伤"的总目标上，以培养特警职业素质与职业能力为主线，紧紧围绕导向性、层次性和整体性原则，全面提高特警体能训练水平以满足特警技战术需求，同时要保证特警队员的体能恢复和健康水平。

一、特警体能训练目标体系的内容结构

从内容方面可以将特警体能训练体系的总目标确定为服务实战、全面提高、预防损伤，中间目标则包括良好的基本运动功能目标、全面发展一般身体素质目标、服务特警技战术目标，具体目标包括灵活性目标、稳定性目标、一般力量目标、一般速度目标、一般耐力目标、一般灵敏目标、战斗力量目标、战斗速度与灵敏目标、战斗整合目标等具体可操作的细化目标。综上，总目标、中间目标、具体目标共同形成特警体能训练目标体系的内容结构（表3-1）。

表 3-1 特警体能训练目标体系的内容结构

特警体能训练目标体系	可操作的细化目标
总目标	服务实战、全面提高、预防损伤
中间目标	良好的基本运动功能目标
	全面发展一般身体素质目标
	服务特警技战术目标
具体目标	灵活性目标
	稳定性目标
	一般力量目标
	一般速度目标
	一般耐力目标
	一般灵敏目标
	战斗力量目标
	战斗速度与灵敏目标
	战斗整合目标

特警体能训练总目标规定了特警体能训练的发展方向及其价值取向。特警这一特殊职业呈现出实战性强、体能要求高、危险性大等特征，特警体能训练要在深刻理解特警职业特征的基础上，围绕特警实战需求，全面提高特警的一般体能水平，帮助其保持良好的健康状态，有效规避工作风险。

中间目标与总目标相比则相对具体，中间目标是总目标的进一步细化。中间目标需要考虑所制定目标的可行性，要根据训练的实际条件、训练所处的阶段及特警队员的体能水平来设定目标各要素的合理搭配，为实现特警体能训练总目标服务。

具体目标既是中间目标的下位目标，是具体可操作的细化目标，也是总目标的基础目标。只有将总目标和中间目标的不同层次细化为具体可执行的目标，它们才能引导特警体能训练实践，具体目标是在总目标和中间目标的指导下，根据特警实战需求构建的更为细致可操作的目标，是实现总目标、科学指导特警体能训练的基本单位。

二、特警体能训练目标体系的层次结构

通过专家调查，本研究厘清了特警体能训练目标体系的层次结构（表3-2），在总目标中，上层目标为服务实战，中层目标为全面提高，基层目标为预防损伤；在中间目标中，上层目标为服务特警技战术，中层目标为全面发展一般身体素质，基层目标则为获得良好的基本运动功能；具体目标的上层目标为增强战斗速度与灵敏素质、增强战斗力量素质、增强战斗整合素质，中层目标为提高一般力量素质、提高一般速度素质、提高一般耐力素质、提高一般灵敏素质，基层目标则是提高灵活性和改善稳定性。

表3-2　特警体能训练目标体系的层次结构

总目标	中间目标	具体目标
服务实战 （上层目标）	服务特警技战术 （上层目标）	增强战斗速度与灵敏素质
		增强战斗力量素质
		增强战斗整合素质
全面提高 （中层目标）	全面发展一般身体素质 （中层目标）	提高一般力量素质
		提高一般速度素质
		提高一般耐力素质
		提高一般灵敏素质
预防损伤 （基层目标）	获得良好的基本运动功能 （基层目标）	提高灵活性
		改善稳定性

按照动作技能的渐进性发展规律，最低层次的动作技能是基础动作技能，该技能要求机体具有良好的基本运动功能，即具备良好的灵活性和稳定性，基础动作技能是掌握成熟动作技能和高级动作技能的基础，是机体掌握特警技战术所需的基本运动功能。这对后期高强度训练中预防运动损伤，提高训练效率具有积极意义，特警队员若没有获得良好的基础动作技能，就很难在成熟动作技能和高级动作技能训练中获得成功。因此，结合特警职业特征，将基层目标确定为获得良好的基本运动功能，即提高灵活性、改善稳定性，能够为后期全面发展一般身体素质和能量代谢系统奠定坚实的基础。

灵活性目标是指身体各环节都有良好的活动范围，良好的灵活性能够对肌肉和关节起到积极的作用，有助于增大动作幅度，提高肌肉收缩产生的力。这里需要指出的是，活动范围并不是越大越好，而是以能够满足特警实战技能的实际需求为好。稳定性目标是指机体在静态或动态运动中能够保持相对稳定的身体姿态，良好的稳定性是完成功能性动作、形成最佳力量生成模式的关键，也是实现上肢和下肢力量高效率传递的重要保证，它有助于预防运动损伤。已有研究表明，稳定性训练能够有效降低踝关节扭伤及膝关节损伤的概率。在特警体能训练过程中若不优先发展灵活性与稳定性，反而过早地让特警队员以错误动作开展力量训练、速度训练和耐力训练，容易导致其动作技能差、伤病多。

中间层次的动作技能是成熟动作技能，成熟动作技能大都是机体多个环节参与的涉及多平面和多维度的动作，其目的是在身体获得良好的基本运动功能之后，逐渐增加训练负荷，使机体具备良好的一般体能水平。结合特警实战需求可以将特警体能训练的中层目标确定为全面发展一般身体素质，具体包括提高一般力量素质、提高一般速度素质、提高一般耐力素质和提高一般灵敏素质，从而改善机体对高强度训练的适应性，为后期开展战斗体能训练做好充分准备。

最高层次的动作技能为高级动作技能，这一层次的动作技能是决定特警实战能力的关键，属于上层动作技能。高级动作技能需要在获得良好的基础动作技能和成熟动作技能的前提下充分调动神经系统，属于最高层次的动作技能，结合特警职业需求和动作技能的发展规律可以将特警体能训练上层目标确定为服务特警技战术。此阶段需要强化对神经肌肉系统的训练，提高机体对精细、复杂动作的控制能力，使机体通过训练所获得的各体能要素能够直接服务于提高特警实战能力，这一层次的目标主要包括增强战斗速度与灵敏素质、增强战斗力量素质、增强战斗整合素质。

从层次方面进行分析，三个层次的目标作为一个系统互相联系、层层递进，我们不能忽视任何一个目标的完成。基层目标是进行特警体能训练所需要达到的最基本目标，是实现特警体能训练中层目标和上层目标的基本保障。若特警队员缺乏灵活性和稳定性能力，那么即使其具备高水平的一般身体素质，也可能会在执行动作的过程中出现代偿现象，影响动力链传递效率，增大出现运动损伤的风险。在机体具备良好的灵活性和稳定性后开始发展一般身体素质，全面提高一般力量素质、一般速度素质、一般耐力素质、一般协调素质和一般灵敏素质，能够提高机体的整体运动能力，若这一目标的完成度较低，机体就会表现出身体能力不足，再好的特警技术动作都将难以发挥出应有的实战效果。在实现前两个层次目标的基础上，特警体能训练开始进入服务特警技战术阶段，在这一阶段中，各体能要素的发展要紧密结合特警技战术特征，即战斗速度与灵敏素质、战斗力量素质、战斗整合素质要直接服务于特警实战，这一层次是特警队员高效执行实战任务所必须完成的目标。三个层次的目标依次递进，共同构成一个整体，引导特警体能训练服务于特警实战。

小结

本章重点研究特警体能训练体系的首个要素"目标体系"，即"干什么"的问题。我们界定了特警体能训练目标体系的内涵和外延，明确了特警体能训练目标体系的构建依据和原则，分析了特警体能训练目标体系的构建思路，并构建出符合特警能力要求的目标体系，为特警体能训练提供了目标导向。

特警体能训练目标体系是特警体能训练的目标取向和理念思想，是特警体能训练在一定时间范围内预期达到的一系列目的和结果所构成的有机整体。我们应依据动作技能的发展规律和系统理论，结合特警实战需求，遵循导向性原则、层次性原则和整体性原则来构建特警体能训练目标体系。从内容上我们可以将目标分为总目标、中间目标和具体目标。总目标为服务实战、全面提高、预防损伤，中间目标包括服务特警技战术、全面发展一般身体素质、获得良好的基本运动功能，具体目标则为明确的可操作的身体素质训练目标。从层次上我们可以将目标分为上层目标、中层目标和基层目标。上层目标为服务特警技战术，中层目标为全面发展一般身体素质，基层目标则为获得良好的基本运动功能。

特警体能训练目标体系的构建为在特警体能训练过程中划分训练内容、选择训练方法和手段、制定评价标准提供了依据。在目标确定之后就要开始进行训练内容的划分，构建符合目标需求的特警体能训练内容体系，即研究"练什么"的问题。

第四章

特警体能训练内容体系

特警体能训练内容体系重在解决"练什么"的问题，它体现了特警体能训练的实质，规定了特警体能训练的范围，包含着特警体能训练的目的和任务，关系着特警体能训练的实效性。将丰富的特警体能训练内容构建为一个有机联系的整体，是充分发挥特警体能训练内容整体功效，实现特警体能训练目标的关键，也是特警体能训练方法体系的构建依据之一。特警体能训练内容体系是探讨特警体能训练实施途径的前提，是沟通特警体能训练目标与方法手段的桥梁，是确定特警体能训练体系的一项基础性工作。因此，明确特警体能训练内容体系中各要素的结构和功能成为本章研究的重要内容。

第一节　特警体能训练内容体系的界定

内容是指事物内在因素的总和，与形式相对。特警体能训练内容体系是在特警体能训练目标体系确定以后出现的，特警体能训练目标对特警体能训练内容具有明确的导向作用。特警体能训练内容体系是指：为实现特警体能训练目标，满足特警实战需求，由经过选择和设计的有目的、可执行的项目所构成的有机整体。对此含义的理解可以从两个方面进行。首先，特警体能训练内容体系是实现特警体能训练目标的途径，并且它符合特警实战需求；其次，特警体能训练内容体系是由诸多相关要素按照一定逻辑结构合理有序排列而成的有机整体。

探索和研究特警体能训练内容体系对特警体能训练具有重要作用。特警体能训练内容体系虽然只是特警体能训练整体结构系统中的基本构成要素之一，但特警体能训练内容体系绝不是一个简单的单一体，而是一个多层次、多维度的整体系统，既包含着多样的部分，也内含着不同的要素，各部分和要素作为一个复杂的整体而存在并发挥作用。特警体能训练内容体系不是独立于特警体能训练目标体系之外的客观存在，而是实现特警体能训练目标体系的重要保障，为实现特警体能训练目标体系服务。特警体能训练内容体系还是构建特警体能训练方法体系，选择特警体能训练手段的重要前提。特警体能训练内容体系的建立还有利于实现特警体能训练理论与特警体能训练实践的统一，为特警体能训练实践提供有效的指导。

第二节　特警体能训练内容体系的构建依据、原则和思路

特警体能训练内容体系的整体性建构，既涉及特警体能训练内容本身的科学性问题，又关系到特警体能训练的实效性问题。虽然特警体能训练涉及的内容极其广泛，但其内容体系的各要素共同构成了一个有机整合、相互贯通和彼此衔接的系统。特警体能训练内容体系的划分应当以特警体能训练目标体系为指引，遵循实用性、够用性和层次性原则。

一、特警体能训练内容体系的构建依据

特警体能训练内容体系的构建是指在系统理论的指导下将特警体能训练内容的各要素加以排列组合，使特警体能训练在动态过程中指向训练目标的设计过程，合理配置特警体能训练内容体系的各要素需要准确把握特警体能训练内容体系的构建依据。特警体能训练内容体系是特警体能训练目标体系的具体体现，是实现特警体能训练目标体系的载体，目标总要具体化为内容，内容则要为目标服务并体现目标的基本要求。特警体能训练内容体系构建的主要依据就是特警体能训练目标体系。

特警体能训练目标体系的确定就意味着特警体能训练内容体系的确定。特警体能训练内容体系的划分必须从特警体能训练目标体系入手，应当依据特警体能训练目标体系的层次和内容结构，借鉴现代体能训练的先进理念，兼顾特警体能训练体系的整体性和关联性，寻求特警体能训练内容体系中各要素设计与实施的最佳化。结合特警体能训练的实际情况，对特警体能训练的目标体系进行解构，在此基础上找到特警体能训练目标体系的实现路径，最后明确特警体能训练内容体系的表现形式。另外，特警体能训练中的现实条件和保障措施、不同特警技战术的具体需求、特警队员的身体素质状况、外界环境和场地等因素也在很大程度上影响了特警体能训练内容体系的构建。

二、特警体能训练内容体系的构建原则

（一）实用性原则

特警体能训练内容体系的构建应紧跟特警实战需要，遵循实用性原则。我们要遵循战斗力生成规律，坚持以特警体能训练目标为依据，科学选择特警体能训练内容，使"训"与"战"贯穿于整个特警体能训

练过程；按照"讲实际、为实战、求实用、重实效"的标准审视和优化特警体能训练内容，以体现不同特征的特警实战技能的实际需求为指引，做到"战训合一"，避免特警体能训练内容体系脱离特警实战需求。

（二）够用性原则

所谓够用性，包括数量上满足和质量上达到某一标准。各层次的特警体能训练目标的实现都对特警体能训练内容的"量"进行了规定。训练内容过少会导致训练目标达成度低甚至无法达成的状况，训练内容过多则容易分散特警队员的注意，导致事倍功半。

在筛选特警体能训练内容时，应当结合特警实战需求，以够用性原则为导向，在特警体能训练目标的引导下精练内容，尽量选择简单、便利、实用的特警体能训练内容，通过灵活的搭配形式满足在不同层次、有不同基础、处于不同阶段和不同岗位的特警队员的个性化需求。

（三）层次性原则

构建特警体能训练内容体系应当从特警体能训练目标体系的层次整合角度出发，构建一个逐层递进、不断深化的特警体能训练内容体系。该内容体系应当以特警体能训练目标的层次性原则为导向，在不同的阶段和时期给特警队员安排有针对性的特警体能训练内容来满足特警实战需求。下层内容是上层内容的基础，上层内容则是下层内容的深化与提升，各层次的内容相互联系、相互影响并服务于特警体能训练的总目标，使特警体能训练内容体系成为一个和谐统一、层次分明的整体。

三、特警体能训练内容体系的构建思路

特警体能训练内容体系是一个由诸要素相互联系、相互作用而构成的系统。特警体能训练内容体系应该由哪些要素构成？这些构成要素在整个特警体能训练内容体系中占有什么位置？这是建构特警体能训练内容体系的核心和实质问题。大多数特警体能训练研究倾向于将特警体能训练内容分为一般体能训练和专项体能训练，这种划分方法能够使人直观地理解其差别，但这更多的是从全面提高和服务实战的角度进行划分，忽视了预防损伤这一角度，因此，在实际训练过程中，一些满足特警队员个体健康需要的体能训练内容被淡化了。

确定特警体能训练内容体系中各要素的结构要从特警体能训练目标体系的层次性出发，在征求相关专家意见的基础上，本研究认为将其划分为基本功能性体能训练内容、一般体能训练内容和战斗体能训练内容更为合理。这种划分不仅鲜明地体现出特警体能训练内容体系中诸要素存在的独立性特征，较好地展示了特警体能训练内容体系中各要素在训练过程中的逻辑展开顺序，而且鲜明地体现了特警体能训练内容体系的针对性。这种划分方式能够使三个层次的内容产生相互联系和相互作用，更好地实现"服务实战、全面提高、预防损伤"这一总目标，因而这是一种更为科学、合理的结构划分方式。

特警体能训练目标体系的基层目标是获得良好的基本运动功能，对该目标进行解构则衍生出改善基本运动功能的体能训练内容，包括灵活性训练内容和稳定性训练内容，旨在使机体获得进行运动训练所必须具备的基本功能；中层目标是全面发展一般身体素质，深入分析这一目标则能够明确该层次的训练内容为一般体能训练内容，目的是全面发展一般力量素质、一般速度素质、一般耐力素质、一般灵敏素质等身体素质，为后期开展高强度体能训练做好准备。目标体系的上层目标是服务特警技战术，解构这一层次的目标可以确定该层次的体能训练内容旨在提高特警队员的实战能力，故我们将该层次的体能训练内容界定为战斗体能训练内容，主要包括增强战斗速度和灵敏素质、增强战斗力量素质、增强战斗整合素质等体能训练内容，使机体在通过前两个层次的体能训练内容所获得的体能储备的基础上实现战训一体。这就是特警体能训练内容体系的构建思路（图4-1）。

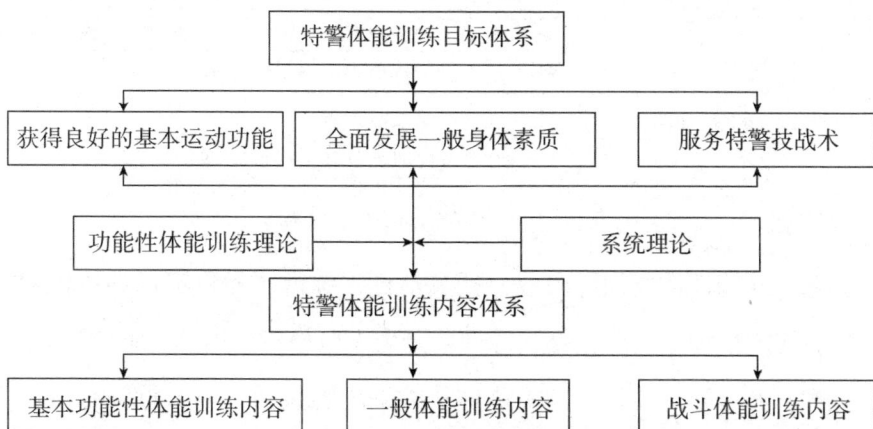

图4-1 特警体能训练内容体系的构建思路

第三节 特警体能训练内容体系构建

我们通过借鉴功能性体能训练理论和系统理论的观点，以特警体能训练目标体系的层次结构为导向，严格遵循实用性、够用性和层次性原则，整合国内外竞技体能专家和军警体能教官的观点，将对特警执行公安工作具有重要影响的既相互联系又相互制约的主要因素加以排列组合，建立起符合中国特警实战需求的特警体能训练内容体系（图4-2）。特警体能训练内容体系包括基本功能性体能训练内容、一般体能训练内容和战斗体能训练内容三个方面。

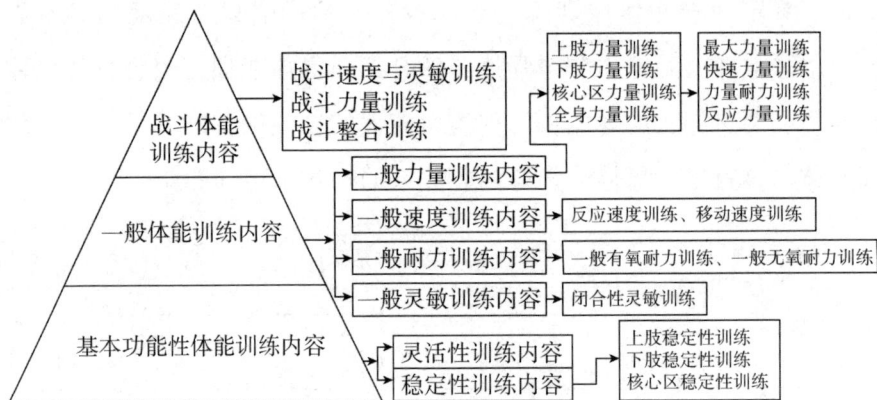

图 4-2　特警体能训练内容体系

　　基本功能性体能训练内容包括灵活性训练内容和稳定性训练内容。其中，稳定性训练内容根据训练部位分为上肢稳定性训练、下肢稳定性训练和核心区稳定性训练。一般体能训练内容包括一般力量训练内容、一般速度训练内容、一般耐力训练内容和一般灵敏训练内容。其中，一般力量训练内容可根据训练的身体部位分为上肢力量训练、下肢力量训练、核心区力量训练和全身力量训练。根据不同特警技战术的实际需要，教师或教练要重视最大力量训练、快速力量训练、力量耐力训练和反应力量训练。一般速度训练内容包括反应速度训练和移动速度训练；一般耐力训练内容包括一般有氧耐力训练和一般无氧耐力训练；一般灵敏训练内容则主要为闭合性灵敏训练，即在已知的、既定的运动形式中训练运动灵敏性。战斗体能训练内容则包括战斗速度与灵敏训练、战斗力量训练、战斗整合训练。特警体能训练内容体系的三个层次相互联系，层层递进，共同构成一个金字塔模型，不同层次的训练内容旨在完成特定的特警体能训练目标，并共同服务于"服务实战、全面提高、预防损伤"这一特警体能训练的总目标。

一、基本功能性体能训练内容

特警体能训练内容体系的底层为基本功能性体能训练内容,它是为特警建立牢固训练基础的训练内容,旨在实现获得良好的基本运动功能这一基层目标,是所有运动项目体能训练的基础内容,是合理安排中层、上层体能训练内容,实现中层、上层体能训练目标的基本保障。基本功能性体能训练内容的设置特点是重视增大关节活动范围,重视增强关节及其周围软组织的稳定性以降低或消除动作代偿和关节磨损,注重改善身体姿态以提高能量传递效率。基本功能性体能训练内容主要包括灵活性训练内容和稳定性训练内容。

相邻关节理论(the joint-by-joint concept)认为人体关节通常具有稳定性和灵活性两种功能。功能性体能训练专家迈克·鲍伊尔(Micheal Boyle)指出,人体各关节呈现出灵活性与稳定性相间发展的特征,各关节的功能见图4-3。踝关节、髋关节、胸椎、肩关节等关节需要着重发展灵活性功能,而膝关节、腰椎、肩胛胸壁等关节需要着重发展稳定性功能,各关节协调配合完成人体运动。在不当训练或者缺乏训练的情况下,踝关节、髋关节、胸椎、肩关节等关节容易失去灵活性,而膝关节、腰椎、肩胛胸壁等关节容易变得不稳定,而某一关节的功能缺失,又可能导致相邻关节出现代偿,引起相邻关节的损伤和疼痛,例如,胸椎的灵活度下降,容易引起肩胛胸壁关节的稳定性降低,还可能引起腰椎出现代偿,从而引发肩胛胸壁功能紊乱及腰部疼痛。此外,踝关节灵活性不足容易引起膝关节疼痛,髋关节缺乏灵活性容易引起下背部疼痛。所以,特警体能训练应优先安排灵活性训练内容以改善关节活动范围，只有这样，特警队员才能在身体上为开展大负荷体能训练做好充分准备。

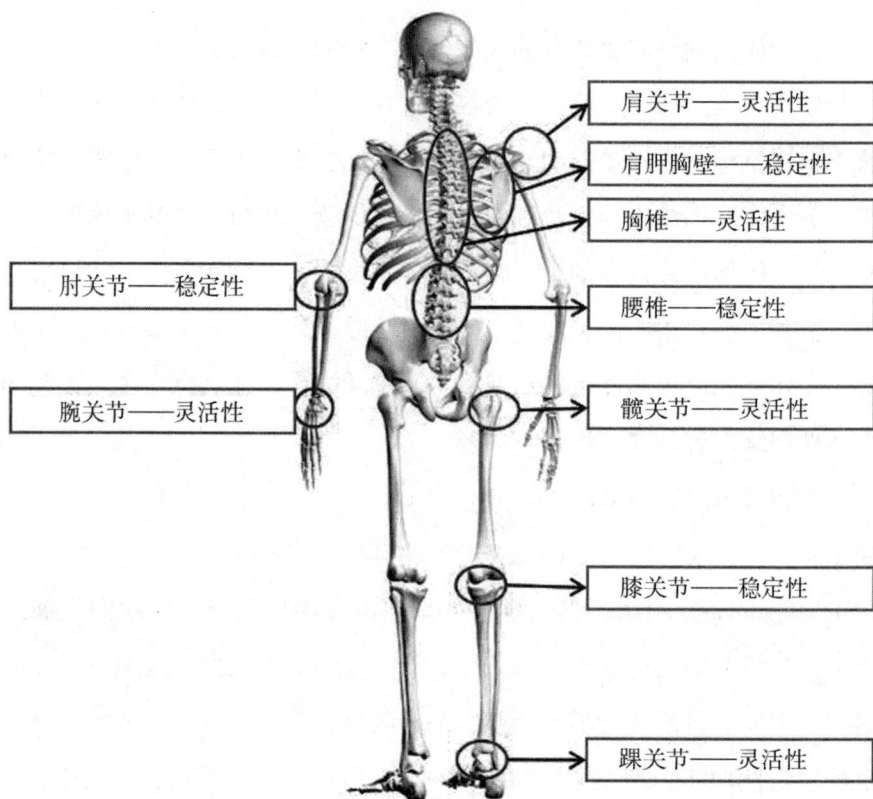

图4-3 人体各关节所具备的功能图示

（一）灵活性训练内容

灵活性训练内容是指优化关节结构、改善关节活动范围的训练内容。这类训练内容旨在纠正肌肉的不平衡，减少肌肉的过度紧张，减轻关节压力，提高肌腱延展性，提高神经肌肉效率。

灵活性除了受到基因、性别、年龄、结缔组织弹性、关节结构、肌群力量、身体成分、运动训练、运动损伤等因素的影响，还受到神经系统控制关节活动范围的能力的影响，神经系统控制关节活动范围的能力主要是指募集肌肉（主动肌、协同肌、拮抗肌、稳定肌）产生力（向心收缩）、减小力（离心收缩）以及在三个运动平面上动态地稳定（等长收缩）身体结构的能力。例如，在进行引体向上练习时，背阔肌（主动肌）需向心收缩使肩关节内收、伸展，中斜方肌、下斜方肌和菱形肌（协同肌）使肩胛骨后缩、下回旋，整个运动过程中，肩袖肌群（稳定肌）则主要负责维持盂肱关节的稳定，如果这些肌肉难以高效地协同发力，身体其他部位就会产生相应的代偿，导致肌肉不平衡、关节活动度改变，甚至可能导致运动损伤发生。

良好的关节活动范围意味着限制关节运动的障碍在一定程度上得到清除，这能够对机体的肌肉和关节起到积极作用，有助于增大动作幅度，实现肌肉力量的最大化。灵活性差不仅会影响关节的活动范围，还容易引起一系列的运动损伤。已有研究表明，关节活动范围缩小、肌肉紧张或柔韧性不足与受伤风险之间存在相关性；也有研究指出，关节活动范围缩小还会限制速度、力量、协调等多种身体素质的发展，并可能对特警技战术的掌握产生消极影响。

（二）稳定性训练内容

稳定性训练内容是指提高关节在静态或动态运动中的稳定程度的训练内容。该训练内容中的各个项目均包含姿态"稳定性"因素，它们能够唤醒和激活肌肉中的本体感受器。人体的力量大多围绕关节而产生，各关节的稳定程度将直接影响力量的产生，良好的关节稳定性能够提高肢体间力和动量的传递效率，反之则容易导致肢体间力和动量的传递出现损耗进而影响动作经济性，例如，若肩胛胸壁关节的稳定性下降，胸椎和盂肱关节就会失去一部分灵活性，在进行各种上肢动作的时候，盂肱关节就容易产生疼痛，可见，良好的关节稳定性对预防运动损伤具有重要意义。

按照动作的具体形式可以将稳定性分为静态稳定性和动态稳定性。静态稳定性是指机体处于静止状态时维持特定姿势的能力，动态稳定性是指机体在动作转换过程中维持身体稳定的能力。体现不同特征的特警技战术要求特警队员具备良好的静态稳定性和动态稳定性，静态稳定性是其高效完成各项动作的基础；在特警实战中，良好的动态稳定性有利于其在迅速转换动作时维持平衡与稳定，提高动作完成质量，提升动力链传递效率。

根据训练的身体部位，稳定性训练内容可以细分为上肢稳定性训练、下肢稳定性训练和核心区稳定性训练。从解剖结构上进行分析，核心区包括腰椎—骨盆—髋关节以及附着的肌群、韧带等，下肢包括髋关节、膝关节、踝关节和足部小关节及附着的肌群、韧带等，上肢包括肩关节、肘关节、腕关节及附着的肌群、韧带等。

二、一般体能训练内容

特警体能训练内容体系的中间层次为一般体能训练内容，它是系统改善一般身体素质和能量代谢的训练内容，是多数运动项目训练都需要安排的训练内容，旨在实现特警体能训练目标体系中的中层目标。该层次的特警体能训练内容需要在机体获得较好的基本运动功能之后使用，旨在为后期开展战斗体能训练做好充分准备。其内容设置特点是重视多关节参与的涉及多平面、多维度的运动；重视动作完成的质量和效果，而不是仅关注训练负荷；重视主动肌、协同肌、拮抗肌的均衡发展；注重动量和力在动力链上的有序传递，强调提高机体的整体工作效率，强调协同发展三大能量代谢系统的供能能力。一般体能训练内容主要包括一般力量训练内容、一般速度训练内容、一般耐力训练内容和一般灵敏训练内容。

（一）一般力量训练内容

力量素质是指肌肉工作（收缩）时克服或对抗阻力的能力。一般力量训练内容是指在保持稳定和控制能力的基础上提高肌肉收缩力量的训练内容。力量素质是发展速度素质、灵敏素质的基础，不仅能够提高实战对抗能力，而且对于预防运动损伤具有积极意义。一般力量训练内容根据训练的身体部位可分为上肢力量训练、下肢力量训练、核心区力量训练和全身力量训练，根据不同运动实践的需要，教师或教练应重视最大力量训练、快速力量训练、力量耐力训练和反应力量训练。本部分将针对不同特警实战需求，按照不同身体部位深入分析一般力量训练的具体内容。

上肢力量训练是指提高附着在肩关节、肘关节、腕关节周围的肌群在收缩时克服阻力的能力的训练；下肢力量训练是指提高附着在髋关节、膝关节、踝关节及足部小关节周围的肌群在收缩时克服阻力的能力的训练；核心区力量训练则是指提高附着在腰椎—骨盆—髋关节周围的肌群的收缩力量的训练；全身力量训练是指提高全身各部位在协同工作时克服阻力的能力的训练，旨在解决上肢、下肢、核心区协调用力的问题。体现不同特征的特警技战术需要全身各部位的力量协同发展，所以教师或教练不仅要安排上肢力量训练和下肢力量训练，也要重视核心区力量训练和全身力量训练。

最大力量训练是指提高骨骼肌工作时克服或对抗最大阻力的训练；

快速力量训练是指提高肌肉快速产生力量的能力的训练，是实现精准性、垂直性、快速性特警技战术特征的重要训练；力量耐力训练是指提高肌肉长时间工作的能力的训练，该训练有利于提高特警技战术的精准性和快速性；反应力量训练是指充分利用肌肉弹性能量和神经反射性调节提高力量素质的训练，有利于特警队员扎实掌握体现垂直性和快速性的特警实战技能。

（二）一般速度训练内容

一般速度训练内容是指提高机体快速运动能力的训练内容。特警队员运用各类技战术时，速度成为其能否有效完成特警工作的关键因素之一。一般速度训练内容主要包括反应速度训练和移动速度训练。反应速度训练是指提高机体对外界刺激反应能力的训练，它有利于提高特警队员迅速反应并做出快速应对的能力。移动速度训练是指提高机体在特定方向上快速移动的能力的训练。体现精准性、快速性特征的特警技战术要求特警队员具备良好的反应速度和移动速度。

（三）一般耐力训练内容

一般耐力训练内容是指提高机体长时间运动能力的训练项目组合。耐力通常可以分为肌肉耐力（力量耐力）和心血管耐力，心血管耐力又可进一步分为有氧耐力和无氧耐力。力量耐力训练前文已述，本部分以心血管耐力训练为重点，将一般耐力训练内容分为一般无氧耐力训练和一般有氧耐力训练。一般无氧耐力训练是指提高机体 ATP-CP 系统和糖酵解系统供能能力的训练，由于 ATP-CP 系统的供能时间很短，故一般无氧耐力训练通常指糖酵解系统的供能能力；一般有氧耐力训练是指提高糖和脂肪有氧代谢供能能力的训练。特警技战术的精准性、垂直性、快速性和整体性要求一般无氧耐力训练在特警体能训练中占有重要分量。一般有氧耐力训练有利于加速机体疲劳恢复，提高特警队员的实战效率，是提高无氧代谢供能能力的基础。

（四）一般灵敏训练内容

一般灵敏训练内容主要是指提高机体在相对稳定的环境下快速准确地改变身体运动方向的能力的项目组合。良好的一般灵敏训练能够提高机体的多方向移动能力，有利于提高行动的快速性并降低运动损伤的发生率，是掌握体现精准性和快速性特征的特警技战术的重要保障。

三、战斗体能训练内容

特警体能训练内容体系的上层为战斗体能训练内容。这一层次的训练内容是决定特警实战能力的关键，是连接特警实战技能与一般体能要素之间的桥梁，明显突出了特警技战术特征，旨在实现特警体能训练总目标的"服务实战"这一上层目标。该层次的训练内容需要在特警队员获得良好的基本运动功能和全面的一般身体素质之后渐进安排，从而使特警队员的身体能够适应特警技战术需求。战斗体能训练内容的设置特点是体能素质训练、动作完成轨迹、能量代谢供能训练要紧密结合特警技战术需求，具有鲜明的特警指向性。战斗体能训练内容主要包括战斗速度与灵敏训练、战斗力量训练、战斗整合训练。

（一）战斗速度与灵敏训练

战斗速度与灵敏训练是将传统意义上的速度素质训练和灵敏素质训练结合起来，并按照特警实战需求进行有机整合后形成的训练，旨在结合特警技战术特征安排速度素质训练，并在没有计划的、不可预测的环境和不稳定的状态下进行速度素质和灵敏素质训练。该训练内容是使特警队员扎实掌握体现精准性和快速性特征的特警技战术的重要保障。

（二）战斗力量训练

战斗力量训练是指既符合机体生理解剖学特征，又与某种特警技术动作结构及主要肌群发力特征相一致的训练。该训练旨在发展符合特警技战术需求的特殊战斗力量，优化整合上肢力量、下肢力量和核心区力量，提高各环节的协同能力，使机体获得的力量素质直接服务于特警实战。

（三）战斗整合训练

战斗整合训练是指整合体能各要素与实战能力，促使其共同发展的训练项目组合。虽然身体素质一般可分为力量素质、速度素质、耐力素质、灵敏素质和协调素质，但特警队员在实战中的表现往往是多种体能要素同时体现，所以在战斗体能训练过程中应当综合各种身体素质，促使其协同发展。该训练旨在体现特警技战术的整体性特征，提高特警队员个人及队伍整体的综合战斗能力。

特警体能训练内容体系的构建基于现有的理论和现实基础，该体系应当是不断发展变化的，教师或教练可以根据特警队员的个体特征、客观环境和特警技战术项目的本质特点，不断丰富和发展特警体能训练内容体系。

小结

本章着重研究特警体能训练内容体系，解决"练什么"的问题，界定了特警体能训练内容体系的概念，明确了特警体能训练内容体系的构建依据、原则和思路，并构建了较为完善的特警体能训练内容体系。

　　特警体能训练内容体系是为实现特警体能训练目标，满足特警实战需求，由经过选择和设计的有目的、可执行的训练项目所构成的有机整体；通过深入解构特警体能训练目标体系，遵循实用性、够用性和层次性原则，确定特警体能训练内容体系各要素的合理配置；特警体能训练内容体系主要包括基本功能性体能训练内容、一般体能训练内容和战斗体能训练内容三个层次，基本功能性体能训练内容分为灵活性训练内容、稳定性训练内容，一般体能训练内容包括一般力量训练内容、一般速度训练内容、一般耐力训练内容、一般灵敏训练内容，战斗体能训练内容则可以划分为战斗速度与灵敏训练、战斗力量训练、战斗整合训练。

　　特警体能训练内容作为特警体能训练体系的基本要素，是沟通特警体能训练目标与特警体能训练方法和手段的桥梁。特警体能训练内容体系的构建实现了特警体能训练目标体系的具体化，使特警体能训练体系进一步细化、丰富和充实。特警体能训练内容体系还是特警体能训练方法体系构建的依据之一，在完成特警体能训练内容体系构建的基础上，我们要进一步分析特警体能训练方法体系，即解决"怎么练"的问题。

第五章

特警体能训练方法体系

特警体能训练方法直接指向"怎么练"的问题。特警体能训练方法体系在整个特警体能训练体系中发挥着极其重要的作用，它既是特警体能训练内容体系的具体体现，也是实现特警体能训练目标体系的必要途径。本章以特警体能训练目标体系为导向，在特警体能训练内容体系的基础上，科学界定特警体能训练方法体系，明确特警体能训练方法体系的构建依据和基本结构，分析特警体能训练方法体系各构成要素的主要功能。特警体能训练方法体系的不断创新和完善对改善特警队员的健康状况，全面发展其身体素质，提高特警队员的技战术水平乃至提高特警队伍的实战能力，具有重要作用。

第一节 特警体能训练方法体系的界定

方法是指为达到某种目的而采取的办法和途径。特警体能训练方法体系是指为达到特警体能训练总目标而采用的一系列办法和途径所构成的有机整体，主要包含训练手段、训练负荷、训练过程安排和外部环境等要素。这一定义既指出特警体能训练方法体系是一系列办法和途径构成的有机整体，又指出其服务特警体能训练总目标这一本质特征。在方法体系的外延要素中，训练手段、训练负荷是影响训练方法的重要因素，而训练过程安排、外部环境是合理实施特警体能训练的必备条件。

训练方法是训练目的与训练结果的中介。科学训练方法的产生既是科学训练原理的具体体现，又是科学训练实践经验的高度总结。正确认识和掌握不同训练方法的功能和特点，有助于顺利完成体能训练过程中不同时期的训练任务，有助于有效控制各项特警技战术的发展进程，有助于科学提高特警队员的作战能力。

第二节　特警体能训练方法体系的构建依据、原则和思路

一、特警体能训练方法体系的构建依据

特警体能训练方法体系是以特警体能训练目标体系为导向，在特警体能训练内容体系的基础上，结合特警实战需求而构建的，是由训练手段、训练负荷等要素构成的有机整体。特警体能训练方法体系的构建过程需要依据特警体能训练目标体系和内容体系的层次结构，符合特警实战体需求和生物学原理。

（一）特警体能训练目标体系和内容体系的层次结构

特警体能训练方法体系作为一个有机整体，其诸要素的合理配置首先要遵循特警体能训练内容体系的层次结构，即各层次的要素相互联系、相互递进，共同服务于特警体能训练的总目标。特警体能训练方法相对多变，而特警体能训练内容则具有相对稳定的特征，同一特警体能训练内容可以通过不同的训练方法和手段来实现。因此，以特警体能训

练内容体系为依据构建特警体能训练方法体系，既能够使不同的特警体能训练方法有相应的归属，又能够使构建的特警体能训练体系具有相对稳定的结构，从而全方位优化特警体能训练体系。

（二）特警实战需求和生物学原理

对于特警体能训练方法体系中具体手段的选择，一是要符合特警实战需求，即根据特警技战术的动作结构，设置既符合机体生理解剖学特征，又与技术动作形式和生物力学特征相似的训练手段，要通过认识机体运动系统的解剖学结构和特警技战术的动作结构，掌握人体各部位在运动过程中的主要功能，进而选择特警体能训练方法和手段，有效提高人体各部位的运动功能，改善特警技战术的动作结构；二是要结合生物适应理论，依据执行任务时的能量代谢特征、训练手段的具体形式，科学安排训练强度、训练量等运动负荷要素，使体能训练方法体系作为一个有机整体发挥效用；三是要依据任务安排、战斗体能训练的具体内容进行训练过程设计；四是要依据特殊作战环境和身体适应能力需求创设实战化体能训练情境。

二、特警体能训练方法体系的构建原则

（一）针对性原则

针对性原则是指特警体能训练方法的选择要依据训练主体的个人特点，遵循特警体能训练目标和内容要求，使之符合训练的实际需求。在构建特警体能训练方法体系时，要针对特警体能训练目标体系与内容体系的层次结构，合理选择训练方法和手段，科学安排训练负荷，以完成特定内容，实现相应目标；还要兼顾特警队员的个性化特征——不同特

警队员之间的体能水平具有不均衡的特征，教师或教练要根据个体的实际需求有针对性地选择特警体能训练方法和手段，保障个体与队伍战斗力的协同提升。

（二）全面性原则

全面性原则是指特警体能训练方法应当在保障机体健康的基础上，全面发展身体各部位、器官、系统的机能和身体素质，从而提高特警技战术水平。特警体能训练方法体系的各要素应力求使特警队员的体能要素得到全方位发展，所以教师或教练既要重视改善灵活性与稳定性的训练方法，又要重视一般身体素质的训练方法，还要结合特警能力需求设计直接服务于特警实战的训练方法，以保障特警体能训练各层次目标的全面实现。

（三）安全性原则

安全性原则是指特警体能训练方法的设计要遵循人体解剖学结构特征，强调动作模式训练的重要性，并在有效预防运动损伤的基础上发展特警体能。动作模式是指在中枢神经系统的支配下，骨骼、肌肉、关节、筋膜等协同作用，共同执行大脑中储存的动作程序的过程。动作模式通过一系列外在动作表现出来，并受到遗传、神经肌肉的生理特性、解剖结构、运动训练等先天因素和后天因素的影响。所有特警技战术动作都由简单的动作模式构成，正确的动作模式是掌握并提高特警技战术的关键因素之一，而错误的动作模式则容易引起不良姿势并降低技战术动作的效率，甚至会导致运动损伤的出现。动作模式训练重视神经对肌肉的支配作用，旨在通过提高主动肌、协同肌、拮抗肌之间的协同配合能力，提高神经肌肉效率，改善完成单个动作时不同环节之间及完成多个动作时不同动作之间的衔接，从而达到提高特警技战术水平的目标。

三、特警体能训练方法体系的构建思路

特警体能训练方法体系是由训练手段、训练负荷、训练过程安排、外部环境等多种要素构成的有机整体。特警体能训练内容体系的多层次性决定了特警体能训练方法的多样性。对特警体能训练方法体系的结构进行划分首先需要确定分类的标准，依据不同的标准可以将特警体能训练方法体系划分为若干不同的结构。按照一般身体素质需求可以将特警体能训练方法体系划分为力量训练法、速度训练法、耐力训练法等；按照训练负荷和间歇的关系可以将特警体能训练方法体系划分为重复训练法、间歇训练法、持续训练法等。不同的训练方法结构是基于不同的训练视角，根据训练的实际需求进行划分的。

我们应从系统理论出发，以特警体能训练目标体系为导向，依据特警体能训练内容体系的层次结构、机体的生理解剖学特征、特警技战术动作特征和生物适应理论构建特警体能训练方法体系。具体而言，我们应以"获得良好的基本运动功能、全面发展一般身体素质、服务特警技战术"为目标，以"基本功能性体能训练内容、一般体能训练内容、战斗体能训练内容"为依据构建系统完善的特警体能训练方法体系，该体系主要包括基本功能性体能训练方法、一般体能训练方法和战斗体能训练方法。综上，特警体能训练方法体系的构建思路（图5-1）由此形成。特警体能训练方法体系的这种结构既能够较为全面地考虑影响特警体能训练过程的各个要素，又能够体现系统的结构思想。

```
                    ┌─────────────────────────┐
                    │   特警体能训练目标体系   │
                    └─────────────────────────┘
     ┌──────────────────┐ ┌──────────────────┐ ┌──────────────────┐
     │ 获得良好的基本运动功能 │ │ 全面发展一般身体素质 │ │   服务特警技战术   │
     └──────────────────┘ └──────────────────┘ └──────────────────┘
     ┌──────────────────┐               ┌──────────────────┐
     │ 功能性体能训练理论 │               │     系统理论     │
     └──────────────────┘               └──────────────────┘
                    ┌─────────────────────────┐
                    │   特警体能训练内容体系   │
                    └─────────────────────────┘
   ┌────────────────────┐ ┌──────────────────┐ ┌──────────────────┐
   │ 基本功能性体能训练内容 │ │ 一般体能训练内容 │ │ 战斗体能训练内容 │
   └────────────────────┘ └──────────────────┘ └──────────────────┘
     ┌──────────────────┐               ┌──────────────────┐
     │  人体运动系统结构  │               │  特警技战术特征  │
     └──────────────────┘               └──────────────────┘
                    ┌─────────────────────────┐
                    │   特警体能训练方法体系   │
                    └─────────────────────────┘
   ┌────────────────────┐ ┌──────────────────┐ ┌──────────────────┐
   │ 基本功能性体能训练方法 │ │ 一般体能训练方法 │ │ 战斗体能训练方法 │
   └────────────────────┘ └──────────────────┘ └──────────────────┘
```

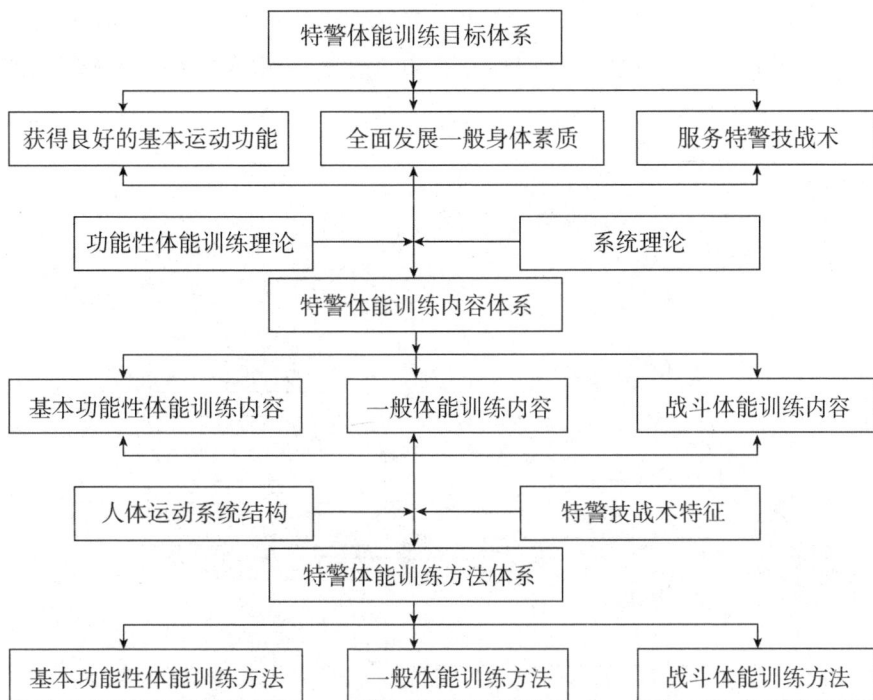

图 5-1 特警体能训练方法体系的构建思路

第三节 特警体能训练方法体系构建

　　根据国内外竞技体能专家、军警体能教官的观点，我们对提高特警体能水平的有效训练方法进行归纳和凝练，并以此为基础构建了具有中国特警职业特色、体现特警技战术特征的特警体能训练方法体系（图5-2）。

　　特警体能训练方法体系包括基本功能性体能训练方法、一般体能训练方法、战斗体能训练方法。基本功能性体能训练方法包括灵活性训练方法和稳定性训练方法；一般体能训练方法包括一般力量训练方法、一般速度训练方法、一般耐力训练方法和一般灵敏训练方法；战斗体能训练方法包括战斗速度与灵敏训练方法、战斗力量训练方法、战斗整合训练方法。

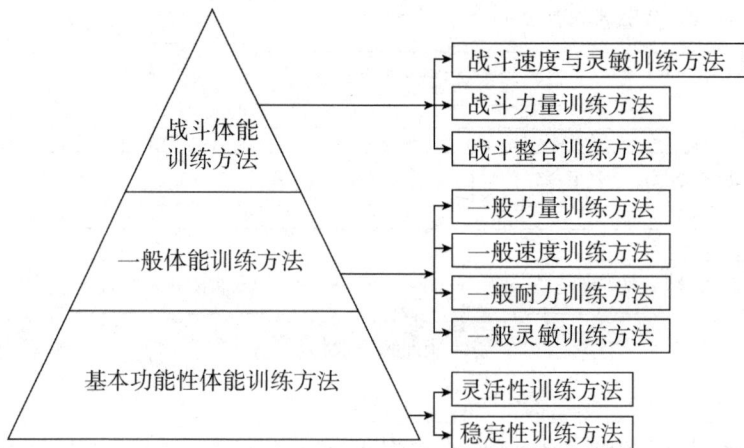

图 5-2 特警体能训练方法体系

一、基本功能性体能训练方法

基本功能性体能训练方法是在基本功能性体能训练内容的基础上，将能够使身体获得良好的基本运动功能的训练方法有机整合构成的系统。传统特警体能训练多忽视这一层次的训练方法设计，这也是导致运动损伤率居高不下的重要原因之一。基本功能性体能训练方法旨在改善关节活动范围和身体稳定性，形成正确的基本动作姿势，对在后期的高强度训练中预防运动损伤，提高训练效率具有重要作用。该层次的训练方法是所有运动项目都需要安排的训练方法，主要包括灵活性训练方法和稳定性训练方法。注意，动作设计要符合机体解剖学结构特征。

（一）灵活性训练方法

灵活性训练方法是指改善关节活动范围的训练方法，主要是针对特定关节周围的肌肉、筋膜等进行松解和拉伸，以调节肌肉张力，提高关节活动度。关节灵活性和与关节连接的肌肉、肌腱、筋膜等组织的活动范围（即柔韧素质）有很大关系，具备良好的柔韧素质与关节灵活性有助于机体增大动作幅度，提高神经肌肉效率，反之则会限制机体力量素质、速度素质和协调素质等身体素质的发展。

1. 灵活性的影响因素

（1）关节结构特征。关节结构决定关节的活动方向与活动范围，关节结构由遗传决定。在关节结构所允许的范围内，灵活性可得到一定程度的提高，但若超出关节结构允许的范围则容易引起关节损伤，降低关节稳定性。例如，膝关节作为滑车关节，仅能在矢状面上屈伸，在屈膝状态下可以进行小范围的内旋、外旋运动。

（2）关节周围软组织的延展性。骨骼肌、肌腱、韧带、筋膜、关节囊等软组织的延展性均能够影响关节的活动范围，骨骼肌各肌丝之间相互摩擦而产生的黏滞性也会直接影响肌肉的收缩与拉伸，韧带组织的弹性、延展性使其可以在外力作用下被拉长，当外力解除它又可以迅速恢复原状。关节周围软组织的延展性受到年龄、性别、温度、中枢神经系统兴奋状态等多种因素的影响。此外，关节囊、韧带、筋膜等结缔组织内有大量的痛觉末梢，所以在频繁进行灵活性训练的情况下，其兴奋阈值会发生改变，这有利于提高软组织的延展性，增大关节活动范围。

（3）关节周围组织的体积。关节周围脂肪、肌肉等组织的体积也是影响关节活动范围的重要因素。关节周围脂肪组织过大、肌肉组织肥大，容易减小关节活动范围，影响机体的运动能力。为调节关节周围组织的体积，增大关节活动范围，特警队员需要经常进行灵活性训练以提高关节周围组织的弹性和延展性。

（4）中枢神经系统的兴奋状态。骨骼肌中的本体感受器（肌梭、腱梭）可感知肌纤维的长度和张力，肌肉被动拉长至一定程度，会刺激肌梭，肌梭的传入冲动增加可引起该肌肉收缩，肌肉张力的变化会刺激腱梭，腱梭兴奋能够引起该肌肉放松。关节活动范围常因为拮抗肌不能充分放松而受到限制，有针对性地改善主动肌、拮抗肌之间的协调性有利于改善关节活动范围。

2. 灵活性训练的基本原理

（1）牵张反射。牵张反射是指在骨骼肌因外力或自身其他骨骼肌收缩而受到牵拉时，其本体感受器受到刺激，诱发同一骨骼肌产生收缩的反射活动。牵张反射的本体感受器为肌梭，肌梭位于肌纤维之间，与肌纤维平行，肌梭对肌肉长度的变化及变化的速率很敏感。当关节一侧的肌肉被拉长时，被拉长肌肉中的肌梭也被拉长，该信息被传递到大脑和脊髓。刺激肌梭能够使被拉长的肌肉收缩，这个过程中往往会出现一些微小的肌肉抽搐或紧绷。牵张反射可分为腱反射和肌紧张两类，其中，腱反射是指快速牵拉肌腱时发生的牵张反射，例如，在快速叩击髌骨下方股四头肌的肌腱时，可引起股四头肌产生一次收缩，因为这类反射与肌腱有关，故习惯上被称为腱反射。这里需要强调的是，腱反射时尽管肌腱受到快速牵拉，但实质上被拉伸的还是与肌腱串联的肌纤维，肌梭感受到肌肉长度的变化从而引起牵张反射。肌紧张是指持续缓慢牵拉肌肉时发生的牵张反射，其表现为受到牵拉的肌肉产生紧张性收缩，肌紧张是维持身体姿势最基本的反射。

（2）逆牵张反射。逆牵张反射也被称为自主抑制，是由分布在肌腱胶原纤维之间的张力感受器——腱梭完成的。腱梭位于肌肉与肌腱的连接的位置，与梭外肌纤维成"串联"关系，对肌肉张力的变化及变化速率很敏感。当肌肉收缩力与外部因素引起的力之和达到可能引起肌腱损伤或骨损伤的程度时，肌肉张力能够作用于腱器官使之兴奋，反射性地抑制同一肌肉，使肌肉停止收缩，出现舒张。

（3）交互抑制。交互抑制是指一块肌肉的收缩与其拮抗肌的放松同时发生，当兴奋传入中枢神经后，一方面通过突触联系兴奋一个中枢神经元，另一方面通过侧支兴奋一个抑制性中间神经元，抑制性中间神经元能够抑制另一个中枢神经元，从而使拮抗肌放松，这种抑制称为交互抑制或传入侧支性抑制。例如，当前臂屈肌（肱二头肌）收缩时，其拮抗肌（肱三头肌）则松弛，这是由于同一刺激引起的传入冲动一方面使屈肌中枢发生兴奋，另一方面使伸肌中枢发生抑制，这种抑制可以使不同中枢之间的活动协调起来。

3. 灵活性训练方法的分类

灵活性训练可在运动前和运动后进行。运动前的灵活性训练旨在降低肌肉黏滞性，增加肌肉弹性，提高肌肉收缩速度和收缩力量，有利于机体合理完成训练动作，并预防运动损伤；运动后的灵活性训练旨在改善关节周围软组织的弹性，调整肌肉张力，加快机体内血液和淋巴的循环，促进代谢产物的排出，缓解延迟性肌肉酸痛。灵活性训练方法主要包括筋膜松解法和拉伸法。筋膜松解法可以进一步分为泡沫轴松解、花生球松解和筋膜球松解等方法；拉伸法可以进一步分为静态拉伸、动态拉伸、PNF拉伸（本体感觉神经肌肉促进法）和主动分离式拉伸等。

（二）稳定性训练方法

稳定性训练方法是指提高机体各部分在静态和动态运动中维持相对

稳定状态的能力的一种训练方法。通过本体感觉训练、提高肌肉力量、改善平衡能力、优化动作等方法和手段可以提高身体的控制能力，优化身体的稳定性。特警实战技能的动作往往是由多关节、多肌群参与的非对称性发力来实现的，需要身体在整体稳定的前提下进行局部发力和在近端稳定的前提下进行远端发力。良好的稳定性具有减少能量消耗、降低运动损伤风险、提高动力链传递效率等方面的作用，为机体开展大负荷训练、提高实战技能奠定了坚实基础。

1. 稳定性的影响因素

（1）肌肉力量。按照肌肉收缩时是否产生动作变化可以将肌肉力量分为稳定性力量和动力性力量。稳定性力量是指人体肌肉收缩使身体对抗位移或旋转的能力，这一能力主要通过分布在人体深层的小肌群收缩来实现，这些肌群又被称为稳定性肌群，多由单关节、体积小、纤维短的肌肉组成，其主要功能是维持骨骼之间、椎体之间的稳定性；动力性力量则是由分布在人体浅层的肌群收缩提供的，这些肌群多由跨关节、体积大、纤维长的肌肉组成，例如竖脊肌、髂腰肌、股四头肌等，其主要功能是通过收缩使关节产生屈、伸、旋转等大范围活动。另外，有一些体积较大的肌肉本身既能够产生较大力量，同时也具备稳定功能，例如腘绳肌、胫骨前肌等，这些肌肉力量的发展也不容忽视。

需要指出的是，核心区力量的发展对关节的稳定性具有重要意义。良好的核心区力量能够在运动中更好地控制骨盆和躯干的稳定姿态，为下肢的运动创造有利支点，使力量的产生、传递和控制效率提高。这种稳定性可以为人体运动创造最佳支点，避免出现代偿性动作，还可以减少肌肉的张力性微细损伤。关节周围的稳定性肌肉锻炼得越充分，关节的稳定性就越好。运动时呼吸与动作的协同配合也能够提高机体稳定性。研究表明，吸气时核心区深层肌肉收缩，可增加腹内压以提高腰椎和躯干的稳定性。

（2）平衡能力。平衡能力是指人体重心偏离支撑面时，能通过主动活动或反射性活动使重心重回支撑面内的能力。人体的平衡能力反映的是本体感受器、前庭器官、视觉器官等对各方面刺激的协调和综合能力。

本体感受器。本体感受器是指位于肌肉、肌腱、关节囊等运动器官处的感觉神经末梢等装置，包括肌梭、腱梭、神经末梢、环层小体等。本体感受器能够感受肌肉张力、压力、长度等方面的变化，并且能够将感受到变化后产生的刺激信号转化为神经冲动传入大脑皮质躯体运动中枢，调节肌肉运动，使人感受到身体在空间位置、姿势及运动等方面的变化。机体的一切运动技能都是在本体感受的基础上形成的，人体在完成技术动作时，本体感受器能够感知肌肉、肌腱的长度、张力变化和各环节在关节处运动产生的刺激，并将这类刺激转化为神经冲动传递至大脑皮质感觉区，通过调节不同肌群（主动肌、协同肌、拮抗肌）的肌肉张力、肌肉收缩反应速度以及皮肤对外界刺激的敏感性来增加关节的稳定性。现有研究多认为关节损伤后会出现关节不稳，这反映了关节损伤会导致本体感觉能力降低。

前庭器官。前庭器官即位觉器官，是指内耳迷路中的三个半规管、椭圆囊和球囊，是人体感知自身运动状态和头部位置的感受器。当人体进行旋转或直线变速运动（加速度为正或为负）时，会刺激三个半规管或椭圆囊中的感受细胞，当头的位置与地球引力的作用方向出现相对关系的改变时，会刺激球囊中的感受细胞，这些刺激引起的神经冲动沿第八脑神经的前庭支传向中枢神经系统，引起身体对速度变化或空间位置改变的感知，并通过姿势反射调整骨骼肌张力从而维持身体平衡。有研究指出，静态平衡能力能够反映保持相对静止状态时机体的稳定性水平，动态平衡能力与下肢关节的稳定性水平呈显著正相关关系。平衡能力是人体完成各种动作的基础条件之一，尤其是在特警射击、防卫控制等需要保持身体稳定和动作协调的技战术中。

视觉器官。眼是机体利用光的作用感知外界事物的视觉器官，在运动过程中，眼可以提供周围环境、运动方向、相对位置等信息，该信息经视觉神经系统加工传入大脑视觉中枢，大脑视觉中枢整合本体感受器和位觉感受器传来的信息，一方面通过视调节保持清晰的视觉，另一方面通过调节肌肉张力，保持头部的位置及正确的身体姿态。视觉对动作控制发挥着重要作用。

2. 稳定性训练方法的分类

稳定性训练方法一般包括上肢稳定性训练、下肢稳定性训练和核心区稳定性训练，可采用徒手训练或借助 BOSU 球①、瑞士球、悬吊绳、弹力带、振动器械、组合器械等开展训练。稳定性训练方法旨在通过提高肌肉力量，改善平衡能力、协调能力和动作的有效性来发展身体稳定性。

二、一般体能训练方法

一般体能训练方法是特警全面提高身体素质的必要保障，能够使特警队员获得扎实掌握特警技战术所必须具备的一般身体运动能力。基本功能性体能训练方法旨在发展机体的基本运动功能，提高机体抵御运动

---

① BOSU 球又叫波速球或平衡半球。

损伤风险的能力；一般体能训练方法旨在全面发展一般身体素质，提高机体对大负荷训练的适应性，为后期开展战斗体能训练做好充分准备。一般体能训练方法主要包括一般力量训练方法、一般速度训练方法、一般耐力训练方法、一般灵敏训练方法。

（一）一般力量训练方法

力量是肌肉紧张或收缩时对抗阻力的能力，是速度、耐力、灵敏等身体素质的基础。一般力量训练方法强调主动肌、协同肌、拮抗肌的协同发展，重视动力链传递效率，注重动作训练的规范性。一般力量训练方法主要包括上肢力量训练方法、下肢力量训练方法、核心区力量训练方法和全身力量训练方法四个部分（图5-3）。

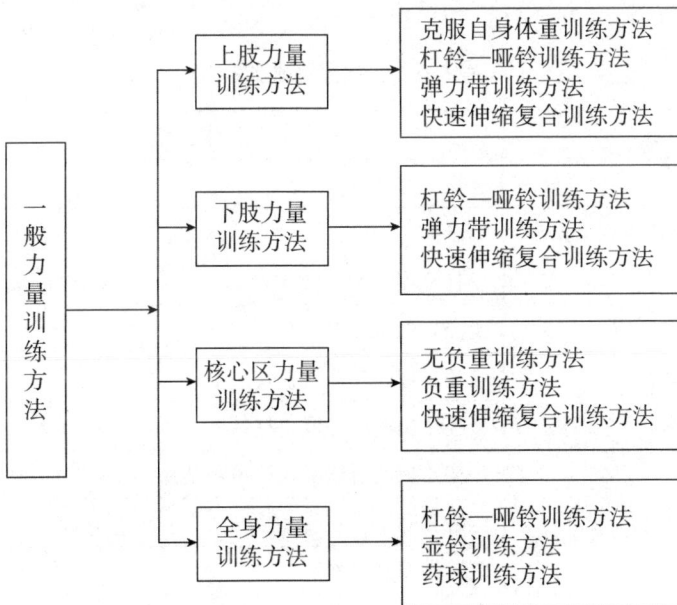

图5-3　一般力量训练方法

1. 上肢力量训练方法

体现精准性、垂直性、快速性的特警技战术对特警队员的上肢力量

87

提出了较高要求。良好的上肢力量对扎实掌握防卫控制（尤其是防卫控制中的拳法）、攀登越障、警用武器使用、水中安全技术等特警技战术起着至关重要的作用。在攀登越障的攀爬技术中（以爬绳练习为例），上肢握绳、向上引体，通常是上肢在远固定情况下的闭链动作，而在防卫控制的拳法中（以直拳出拳为例），手臂动作属于近固定情况下的开链动作。可见，上肢力量训练应当使闭链动作与开链动作相结合、远固定动作与近固定动作相结合、推拉动作相结合，从而全方位提高上肢力量素质。上肢力量训练方法的种类繁多，鉴于特警工作的职业特征，选用的训练器械应尽可能常见或者便携，训练方法主要包括克服自身体重训练方法、杠铃—哑铃训练方法、弹力带训练方法和快速伸缩复合训练方法。上肢力量训练方法见表5-1。

表 5-1　上肢力量训练方法

训练方法	具体手段
克服自身体重训练方法	引体向上
	俯卧撑
	双杠臂屈伸
杠铃—哑铃训练方法	坐姿正握腕屈伸（杠铃—哑铃）
	坐姿反握腕屈伸（杠铃—哑铃）
	坐姿手腕内收外展（杠铃—哑铃）
	站姿正握屈肘弯举（杠铃—哑铃）
	仰卧直臂拉（杠铃—哑铃）
	哑铃站姿过顶推举

训练方法	具体手段
杠铃—哑铃训练方法	俯身哑铃对握侧平举
	俯身哑铃屈臂后拉
	站姿哑铃提拉
	站姿哑铃提肩
	前倾后拉（杠铃—哑铃）
	卧推（杠铃—哑铃）
弹力带训练方法	俯身侧拉
	站姿前推
	站姿直臂下拉
	站姿屈臂头后拉
	站姿上臂内旋
快速伸缩复合训练方法	推地俯卧撑
	药球跪姿胸前推球
	药球仰卧胸前推球
	药球跪姿头上抛球

2. 下肢力量训练方法

具有精准性、垂直性和快速性特征的特警技战术要求特警队员具备良好的下肢力量。越障、防卫控制的腿法都要求特警队员具备较好的下肢快速力量和力量耐力。防卫控制中的鞭腿动作既需要支撑腿稳固支撑并积极蹬转发力，又需要躯干扭转倾斜以提升击打效果并维持身体平衡，还需要打击腿屈膝、屈髋、抬腿，并在击打时快速伸髋、伸膝，击打目标的瞬间脚背绷紧以保护踝关节，这对屈髋、伸膝、伸髋以及踝关节跖屈力量要求较高。因此，一般体能训练阶段的下肢力量训练就是要全方位提高特警队员的下肢屈肌、伸肌与旋转肌群力量。下肢力量训练方法主要包括杠铃—哑铃训练方法、弹力带训练方法和快速伸缩复合训练方法，下肢力量训练方法见表5-2。

表5-2 下肢力量训练方法

训练方法	具体手段
杠铃—哑铃训练方法	硬拉
	杠铃前蹲
	哑铃单脚提踵
	杠铃弓步前进
	哑铃侧向弓步蹲
	哑铃跳箱
	哑铃单腿深蹲
弹力带训练方法	踝关节屈伸
	坐姿屈膝
	站姿伸髋
	站姿屈髋
	站姿髋外展
	站姿髋内收
快速伸缩复合训练方法	纵向双脚跳箱双脚（单脚）落地
	纵向单脚跳箱
	横向双脚跳箱双脚（单脚）落地
	旋转双脚跳箱
	旋转单脚跳箱
	纵向双脚连续跳栏架
	纵向单脚连续跳栏架

续表

训练方法	具体手段
快速伸缩复合训练方法	横向双脚连续跳栏架
	横向单脚连续跳栏架

3. 核心区力量训练方法

核心区是运动中连接上肢和下肢的枢纽，强有力的核心区力量能够减少运动中能量传递的损失，提高能量传递效率，对提高动作速度和增大动作幅度具有重要作用。例如，特警队员在实战中运用防卫控制技能完成击打动作时，通常采用"蹬地——拧腰——转髋送肩"的方式使进攻腿或拳最终作用于击打部位。该动作产生的力来源于沿人体垂直轴进行的旋转运动，核心区旋转爆发力在提高攻击力度方面发挥着重要作用。核心区力量训练方法主要包括无负重训练方法、负重训练方法和快速伸缩复合训练方法，核心区力量训练方法见表5-3。

表5-3 核心区力量训练方法

训练方法	具体手段
无负重训练方法	仰卧起坐
	俯卧背起
	仰卧两头起
	侧卧卷腹
	悬垂举腿
	悬垂侧举腿
负重训练方法	哑铃—杠铃体侧屈
	肩负杠铃回旋
	负重仰卧剪腿
	站姿旋转推举

续表

训练方法	具体手段
快速伸缩复合训练方法	跪姿对墙旋转抛球
	单腿站立对墙旋转抛球
	跪姿侧对墙旋转抛球
	双人配合药球仰卧起坐
	站立过顶砸球
	双人配合俄罗斯转体

4. 全身力量训练方法

运动过程中人体作为一个完整的系统，其各部分协同配合、参与工作，各个关节的运动过程不是孤立的单环节运动，关节之间互相联系、互相影响，任何一个关节的运动都会对相邻关节产生影响。目前，特警体能训练过于重视孤立环节或少数几个环节的爆发力训练，忽视上肢、下肢、核心区的协调用力问题，忽视主动肌、协同肌、拮抗肌的均衡发展问题，所以这种训练方式无法满足特警技战术对全身整体用力及动量在动力链上有效传递的要求。合理选择全身力量训练方法能够有效提高肌肉的最大力量，提高机体 ATP-CP 系统的供能能力，提高动力链的动量传递效率，改善各环节的协调配合能力，有效提高全身爆发力。全身力量训练方法主要有杠铃—哑铃训练方法、壶铃训练方法和药球训练方法，全身力量训练方法见表5-4。

表5-4 全身力量训练方法

训练方法	具体手段
杠铃—哑铃训练方法	杠铃高翻
	杠铃—哑铃高抓
	杠铃挺举

续表

训练方法	具体手段
杠铃—哑铃训练方法	哑铃侧弓步过顶举
	哑铃单手土耳其起身
壶铃训练方法	壶铃前摆
药球训练方法	药球上抛
	站姿过顶垂直砸球

（二）一般速度训练方法

速度素质是指快速运动的能力。速度训练中特警队员主要进行时间短、强度大的无氧运动，依靠 ATP-CP 系统提供能量。特警技战术的精准性、快速性、整体性对特警队员的速度素质提出了较高要求，实施防卫控制、攀登越障、警用武器使用、水中安全技术等都依赖于特警队员良好的速度素质。经专家调查，我们认为动作速度训练应当与专项动作相一致，而且动作速度与肌肉力量、视觉、听觉、触觉、平衡觉和本体感觉密切相关，所以动作速度训练可放在战斗体能训练阶段进行，故一般速度训练方法主要包括一般反应速度训练方法和移动速度训练方法。

1. 一般反应速度训练方法

一般反应速度是指机体正确判断对手动作变化及意图，并做出相应反应的能力，也指人体对外界刺激的反应快慢。具有精准性、快速性特征的特警技战术对一般反应速度提出了较高要求，提高一般反应速度可以采用六角球反应速度训练方法和口令训练方法。一般反应速度训练方法见表5-5。

表 5-5　一般反应速度训练方法

训练方法	具体手段
六角球反应速度训练方法	单人原地抛接球
	单人快速移动抛接球
	单人多方向抛接球
	双人循环抛接球
	三人抛抢球
口令训练方法	听口令快速动作训练
	反口令快速动作训练

2. 移动速度训练方法

移动速度是特警队员在实战中运用特警技战术克敌制胜的关键因素之一，特警技战术的快速性和整体性要求特警队员具备良好的移动速度，其中，场地障碍训练及实战抓捕行动对特警队员的快速移动能力提出了较高要求。提高移动速度可以通过提高肌肉快速力量、爆发力、无氧耐力和改善神经系统灵活性、关节活动范围以及反复进行短距离快速移动的方式来进行。另外，核心区稳定性的提高能够减少移动过程中能量的损耗，提高移动时动作的经济性，因此，核心区稳定性训练同样有利于提高移动速度。移动速度训练主要采用各类短距离快速移动方法及训练手段，包括短距离冲刺跑、拖轮胎短距离冲刺跑、障碍场冲刺跑、弹力带牵引减小阻力冲刺跑、下坡跑等。

（三）一般耐力训练方法

耐力是指坚持较长时间运动的能力，而一般耐力是指对提高专项运动成绩起间接作用的基础性耐力。按照机体运动时的能量代谢机制可以将一般耐力训练方法分为一般无氧耐力训练方法和一般有氧耐力训练方法。

1. 一般无氧耐力训练方法

无氧耐力主要是指机体利用 ATP-CP 供能系统和糖酵解供能系统产生能量，供肌肉收缩的能力，由于 ATP-CP 供能系统的供能时间很短，故无氧耐力通常是指糖酵解供能系统的供能能力。基于特警技战术对无氧耐力提出的较高要求，体现精准性、垂直性、快速性和整体性的特警技战术要求无氧耐力训练在训练过程中占有重要分量。运用防卫控制技术制服犯罪嫌疑人主要靠精准快速的击打能力和连续攻击能力，这就要求特警队员具备快速发起动作和保持较长时间快速动作的能力；完成一次完整场地障碍训练耗时 2 min 左右，训练过程中机体会产生乳酸堆积，导致机体的运动能力下降，这就需要特警队员的糖酵解供能系统高度发达，在体内 ATP-CP 供能系统尚未完全恢复的情况下仍能够保持较高的能量输出效率，换言之，就是需要葡萄糖在无氧条件下分解产生能量供机体利用。当机体出现乳酸堆积时，还需要机体具有较强的乳酸耐受性。提高无氧耐力通常采用间歇训练法。

2. 一般有氧耐力训练方法

有氧耐力是指机体在氧供应充足的情况下坚持较长时间运动的能力。公安工作的长期性和艰苦性要求特警队员具备良好的有氧耐力。一般有氧耐力训练有助于铸就特警队员坚强的意志品质和旺盛的战斗力，确保特警队员具备保持快速运动的能力，提高实战效率。有氧耐力是无氧耐力的基础，良好的有氧耐力能够加速特警队员训练过程中无氧代谢系统的恢复，是加快机体疲劳恢复的关键。在进行实战追捕、格斗以及攀越障碍的过程中，特别是当特警队员遭遇具备较强野外生存能力且会散打格斗的犯罪分子时，良好的有氧耐力有助于提高缉捕工作效率。现有研究表明，间歇训练法、持续训练法均能有效改善机体的有氧耐力。

（四）一般灵敏训练方法

灵敏素质是指在训练和实战中，在条件突然变换的情况下，机体能够快速、准确、协调地改变身体空间位置或运动方向的一种自我控制能力，是力量、速度、动态平衡能力和协调能力的综合体现。特警技战术的精准性、快速性和易损伤性对特警队员的灵敏素质提出了较高要求。良好的灵敏素质是提高机体多方向移动能力的基础，可以有效提高行动的快速性；还能在高强度的训练和实战中对特警队员起到自我保护的作用，降低运动损伤的发生率；能够让特警队员更快地躲避对方进攻，是提高特警队员防守反击精准性的必备身体素质。在一般体能训练阶段，一般灵敏训练方法主要采用绳梯训练法和锥桶训练法。

1. 绳梯训练法

绳梯训练法能够有效发展特警队员对身体的控制能力，改善机体动觉意识，提高特警队员的脚步快速移动能力、动作转换能力和变向能力。利用绳梯可以设计多种多样的一般灵敏训练方法，按照运动方向的不同，绳梯训练法可以分为直线方向训练法、水平方向训练法及多方向训练法。

2. 锥桶训练法

锥桶训练法是指将锥桶作为地标来设置和安排各种动作灵敏训练的方法，同类方法还有标志盘训练法、小栏架训练法等。上述方法可以通过预先设计一系列运动路线来提高特警队员的多方向移动能力和灵敏素质。锥桶训练法按照锥桶数量的不同及训练难度的变化可以分为双锥桶训练法、三锥桶训练法和四锥桶训练法等。

三、战斗体能训练方法

战斗体能训练方法是在机体具备良好的基本运动功能和一般体能的基础上进一步结合特警技战术动作结构和肌肉发力顺序进行的专门性体能训练方法。战斗体能训练方法要结合特警实战进行选择，其中，力量训练形式与特警队员在实战中使用的某种主要的技战术动作的用力结构和生物力学特点相似；严格落实"练为战"的原则，训练强度接近甚至超过实战强度，符合实战对机体能量代谢供应的要求；通过训练，特警队员在身体和精神上都能为实战做好充分准备，这一层次的训练方法是决定特警实战能力的关键。战斗体能训练方法主要有战斗速度与灵敏训练方法、战斗力量训练方法以及战斗整合训练方法。

（一）战斗速度与灵敏训练方法

战斗速度与灵敏素质是指特警队员在运动过程中快速准确地完成各个动作并有效控制身体变化的能力。这种界定方式旨在将传统意义上的速度素质和灵敏素质进行有机整合，力图用完整的概念描述动作。良好的战斗速度与灵敏素质有利于特警队员在执法活动中灵活快速地躲闪，有助于其完成非常规姿势下的射击任务，提高其在狭小空间顺利完成缉捕等特殊任务的能力。体能训练后期应当重视体现特警技战术特征的战斗速度与灵敏训练，将力量、速度、反应与各种特警技战术进行整合，真正实现体能训练与特警技战术训练的一体化。战斗速度与灵敏训练方法主要包括口令训练方法、持靶防卫控制训练方法、光点瞄准训练方法、条件实战训练方法、负重—减重训练方法和减小阻力训练方法，战斗速度与灵敏训练方法见表5-6。

表5-6 战斗速度与灵敏训练方法

训练方法	具体手段
口令训练方法	听口令快速掏枪
	听口令快速瞄准
	听口令进行各种拳法、腿法训练
持靶防卫控制训练方法	固定靶训练
	移动靶训练
	反击靶训练
光点瞄准训练方法	看光点据枪瞄准训练
	看光点换枪瞄准训练
条件实战训练方法	限制条件防卫控制
	限制条件标记弹实战
负重—减重训练方法	拳、腿负重沙袋—减重训练
	弹力带负重—减重训练
	哑铃负重—减重掏枪瞄准
减小阻力训练方法	划水掌游泳训练
	脚蹼游泳训练
	牵引游泳训练

（二）战斗力量训练方法

战斗力量训练是特警体能训练中的重要组成部分，所有特警技战术都需要通过动作来实现，而动作质量又受到机体力量素质的影响。绝对力量（肌肉收缩时产生的最大力量）最大的特警队员不一定是掌握特警技战术最扎实的队员，只有动作结构合理、机体能量传递效率高的特警队员才能够在特警技战术训练和实战中发挥自身的体能优势。战斗力量训练不仅要符合机体的解剖结构特征，而且要符合某种特警技能的动作结构及肌群的发力特征，使机体获得的力量素质直接服务于特警技战术。战斗力量训练方法见表5-7。

表5-7　战斗力量训练方法

训练方法	具体手段
无负重训练方法	毛巾引体向上
	双力臂
	双手爬杆
弹力带训练方法	弹力带站姿下砍
	弹力带屈肘上抬
	弹力带踢腿
	弹力带侧踹
	抗阻提膝
	抗阻背摔
	弹力带防卫控制步法
	抗阻冲拳
	抗阻斜向上提拉伸肘
	抗阻匍匐前进
	俯卧屈膝收腿
	俯卧屈膝蹬夹腿
负重训练方法	站姿旋转过顶砸药球
	站姿对墙旋转抛药球
	摔沙人
	哑铃屈臂抗阻斜上抬
	翻轮胎

续表

训练方法	具体手段
组合训练方法	沙衣双手爬杆（绳）
	负重双手过横梯
	重锤向下砸轮胎
	重锤横向砸轮胎
	双腿负重俯卧瑞士球蛙泳腿
	俯卧瑞士球弹力带剪腿
	俯卧瑞士球哑铃抗阻划手

（三）战斗整合训练方法

战斗整合训练方法是使各体能要素与特警技战术紧密结合的训练方法，旨在实现"服务实战"这一上层目标。此前分别介绍了针对特警队员的三种能量代谢系统及各类身体素质的训练，但在实战情况下特警队员需根据实际需求变换使用各种特警技战术，机体需要的是复杂的混合能量代谢供能。特警队员在执行任务的过程中，可能在长时间的巡逻之后需要运用防卫控制技能制服犯罪嫌疑人；也可能在训练结束之后，突然接到去突发事件现场执行任务的命令。这些情况都对特警的战斗整合训练提出了较高的要求，根据特警技战术的整体性特征，应当采用达到实战强度甚至超过实战强度的综合性训练方法提高特警队员的战斗水平。战斗整合训练方法主要包括单人训练方法、双人配合训练方法和多人组合训练方法，此处仅提供一种设计思路，战斗整合训练方法见表5-8。

表 5-8 战斗整合训练方法

训练方法	具体手段
单人训练方法	负重快速引体向上+15 m 手枪精度射击
	100 m 短跑+7 m 手枪快速射击+爬绳
	场地障碍+1000 m 装备跑+攀登索降+手枪快速射击
双人配合训练方法	一对一防卫控制限制条件实战+场地障碍
	负重爬绳+双人配合抬圆木+场地障碍+15 m 手枪精度射击
	双人推汽车+双人配合过高板+50 m 步枪精度射击+25 m 步枪换手枪精度射击+7 m 手枪隐显靶射击
多人组合训练方法	四人扛圆木+四人配合过高板+爬绳
	小组配合负重越野+攀爬建筑物+50 m 步枪精度射击+小组配合近距离多目标射击
	分组配合场地障碍+两组实战对抗射击练习

第四节 特警体能训练方法的特点及负荷安排

一、基本功能性体能训练方法分析

(一) 灵活性训练方法分析

1. 筋膜松解法的特点及负荷安排

筋膜松解法是运用逆牵张反射原理来进行肌筋膜组织放松的方法，运动训练可引起人体交感神经过度兴奋，导致静态肌肉张力升高，肌肉长度缩短，当训练者利用自身体重或者其他力量借助泡沫轴、花生球、筋膜球等松解工具给肌肉施加一定压力时，会引起肌肉张力增加，肌肉张力增加会激活感受张力变化的感受器——腱梭，从而引起同一块肌肉舒张。现有研究表明，筋膜松解法可加速局部血液循环，提高机体组织细胞的可塑性，缓解骨骼肌紧张，减少组织粘连，降低主动及被动关节的僵硬度，有效提高神经肌肉系统的活性，改善关节的灵活性，减少延迟性肌肉酸痛且不会对运动能力产生负面影响。筋膜松解法还会即刻改善动脉硬化、改善血管内皮功能，提高副交感神经的兴奋度。

筋膜属于结缔组织，其含义有广义与狭义之分。狭义的筋膜包括浅筋膜与深筋膜，浅筋膜又被称为皮下筋膜，大部分由富含脂肪的结缔组织构成；深筋膜位于浅筋膜的深面，由致密结缔组织构成，又称为固有筋膜。广义的筋膜还包括肌腱、韧带、肌内膜、肌外膜、肌束膜、神经膜、关节囊、实质性器官的表皮纤维囊、中空性器官的内皮下层等众多组织。

筋膜松解法的特点。运用花生球、筋膜球等松解工具对扳机点进行放松。扳机点是指骨骼肌或肌筋膜高张力束内最易受激惹的肌肉组织结节，也被称为"触发点"或"激痛点"。扳机点多存在于肌筋膜上，按压会引起特异点的牵扯痛。此外，扳机点还存在于皮肤、脂肪组织、韧带、骨膜及关节囊等部位，但这些部位的扳机点不会引起牵扯痛。

肌筋膜中有一种可以以固态、半固态、液态形式存在的基质，扳机点的产生原因主要有肌肉本身或者其他软组织的损伤、积累性劳损、长期不良姿势引起的肌紧张、反复运动、关节疾病、情绪压抑等，上述原因会导致这种基质由液态转化为胶质，导致筋膜变紧、粘连，使软组织的正常弹性减小，若不经过处理，这种基质很难再转变为液态，于是出现筋膜粘连，在软组织内部形成扳机点。对扳机点进行松解时，借助松解工具对扳机点进行针对性按压可以消除肌肉中的结节并恢复肌肉的原有功能，包括肌肉的长度、弹性和收缩力。

筋膜松解法的负荷安排。筋膜松解法可以借助泡沫轴、花生球或筋膜球进行。采用泡沫轴进行松解时，需要在目标肌群处来回滚动，时间为 30~60 s，应避免直接将泡沫轴置于骨关节处，当泡沫轴滚动到某处疼痛加剧时，应将泡沫轴停留在此处并按压 5~10 s，直至疼痛有一定的缓解。松解先从靠近身体中心的肌肉起始端开始，逐渐过渡至远离身体中心的肌肉末端，松解时应尽量保持正常呼吸节奏。借助花生球或筋膜球可以对深层扳机点进行有效松解。筋膜松解法既能在训练前使用，又能在训练后使用。训练前进行筋膜松解的目的是唤醒、激活软组织，训练后进行筋膜松解的目的在于梳理肌筋膜，促进血液与淋巴循环，使机体更快地从疲劳中恢复过来。

2. 静态拉伸的特点及负荷安排

静态拉伸是指缓慢地将肌肉、肌腱等软组织拉长到一定程度并保持一段时间静止不动的训练方法。现有研究普遍认为静态拉伸能有效增加关节活动度，降低运动损伤风险，但在静态拉伸对爆发力的影响方面学界尚存争议，目前，多数研究认为静态拉伸会降低爆发力、肌肉力量、速度等。

静态拉伸可以改善关节活动范围。一方面，拉伸会导致肌肉-肌腱复合体刚度被动降低（刚度是指材料受力时抵抗弹性变形的能力），肌肉-肌腱复合体刚度降低可以减少内在阻力，增大关节活动范围；另一方面，静态拉伸会引起自主抑制，拉伸会使肌肉张力增大，这种张力变化会刺激张力感受器（腱梭），从而反射性地引起肌肉舒张；静态拉伸动作匀速、缓慢，会使牵张反射受到抑制。此外，也有研究指出，静态拉伸能引起关节活动范围增大可能与肌腱组织的疼痛阈值和耐受性增加有关。

静态拉伸可以降低运动损伤风险。一方面，肌肉-肌腱复合体刚度降低改变了角度、扭矩之间的关系，这使肌肉处于拉长状态时能够产生更大的相对力量，提高了肌肉对抗过度牵拉的能力；另一方面，肌肉-肌腱复合体刚度降低可以提高结缔组织对能量的吸收程度，从而降低传递至肌肉-肌腱复合体的能量，引起运动损伤风险的降低。但并非肌肉-肌腱复合体刚度越低越好，有研究指出，在人类的正常活动中，肌腱相对形变度最大可允许范围为5%，当肌肉组织的牵拉长度超过静息长度的20%时就会引起肌肉损伤。

有关静态拉伸对爆发力的影响，不同的研究得出的结论存在较大差异。部分研究认为，静态拉伸引起的肌肉-肌腱复合体刚度降低、组织损伤、神经抑制、肌肉温度降低等会对力量、爆发力、速度等产生负面影响；也有研究认为，静态拉伸能改善高水平运动员下肢肌纤维的厚度和长度，调整缓冲模式，降低肌肉黏滞性，改变拉长-缩短周期，提高下肢各关节尤其是踝关节在缓冲过程中的能量吸收能力，提高跳跃高度，改善运动表现。

相关研究表明，持续15 s的静态拉伸可引起关节活动范围的增加，当持续时间增加至30 s时，关节活动范围大幅增加，静态拉伸持续时间小于45 s对力量和爆发力产生的负面效应较小。有研究指出，静态拉伸会引起肌肉-肌腱复合体刚度在拉伸后5 min内发生显著下降，拉伸结束后10 min内得到充分恢复，静态拉伸所导致的H反射（H reflex）减弱现象也可以在拉伸后4 min内得到完全恢复。若将静态拉伸运用于训练前的热身环节，特警队员可以将静态拉伸与超等长收缩、最大随意收缩或专项训练组合进行，以部分抵消对力量、速度、爆发力的负面影响。有研究表明，静态拉伸之后进行具有预激活增强效应的练习可以增加最大力量、垂直跳高度、冲刺速度，建议将具有预激活增强效应的练习与正式训练之间的休息时间设定为 5~10 min。

静态拉伸负荷安排。静态拉伸会引起软组织出现不适的感觉，但牵拉时应不产生疼痛；静态拉伸一般采用由下到上、从大到小的顺序进行。训练结束后，血液受重力影响大量聚集在下肢静脉和毛细血管中，由下到上的顺序有利于静脉血液回流。先拉伸大肌群再拉伸小肌群的目的在于使大肌群的多数血液率先回流，同时这也利于更好地放松紧张的大肌群，有效增大关节活动范围。在进行高度依赖爆发力的训练之前，准备活动部分应尽量避免采用静态拉伸，静态拉伸更适用于训练后的放松恢复阶段。

3. 动态拉伸的特点及负荷安排

动态拉伸是指采用较慢速度、有节奏地将肌肉、肌腱等软组织拉长到一定程度，并重复一定次数的拉伸方法。动态拉伸又被称为运动能力练习，旨在根据运动技术的动作需求，整合多个关节参与多个平面的拉伸动作，该训练能够较好地模仿或接近运动技术的运动形式，对肌肉力量和肌肉的收缩速度有较高要求。现有研究大都认为动态拉伸能够较好地改善关节活动范围和柔韧性，有助于降低运动损伤风险，提升运动表现，这也让动态拉伸成为目前准备活动期间主要采用的拉伸方式。但也有部分研究指出动态拉伸对运动表现没有影响或者存在负面影响。

动态拉伸可以改善关节活动范围。动态拉伸主要通过以下措施改善关节活动范围：一是通过慢速、有节奏的牵拉降低肌肉、肌腱刚度，增加肌肉、肌腱弹性，降低肌肉黏滞性，使肌肉收缩的阻力降低；二是使肌肉、肌腱不断进行牵拉－收缩循环，相较于静态拉伸，这样可以更好地提高体温，体温升高对肌肉黏滞性的降低具有积极影响。但总体而言，动态拉伸对改善关节活动范围的影响不如静态拉伸大。

动态拉伸可以降低运动损伤风险。动态拉伸时关节周围的拮抗肌之间存在交互抑制作用，使得肌肉产生收缩、舒张的交替变化，能够激活维持关节稳定作用的小肌群，降低运动损伤风险。需要明确的是，此处所指的动态拉伸不是弹震式拉伸（快速、不加控制的弹性拉伸动作），因为迅速用力的弹性牵拉会使结缔组织快速拉长，从而激发强烈的牵张反射，增加肌肉张力，肌肉牵拉和收缩同时发生会增大肌肉拉伤风险。

动态拉伸可以提升运动表现。动态拉伸是在关节活动范围内的主动运动，拉伸动作通常需要多关节参与，涉及不同的运动平面，这与人体运动时的动作模式较为相似，例如站姿提膝这一牵拉动作可以看作是对跑步中提膝动作的预激活，能在神经系统留下训练痕迹，有助于避免在随后的运动过程中出现代偿性动作，改善神经肌肉协调性，提高动作质量和动作效率。另外，也有较多研究表明，动态拉伸对爆发力、速度和灵敏表现具有积极影响。这些研究认为动态拉伸引起肌肉温度和体温升高，这可能会引起神经感受器敏感性增强，从而提高运动神经的传导速度，改善神经肌肉的收缩性能，加快肌纤维的收缩速度，使肌肉产生更大的力量。同时，动态拉伸还能够引起牵张反射，提高 α 运动神经元的兴奋性，减少反应时。

动态拉伸的负荷安排。动态拉伸常用于准备活动阶段或进行动作纠正练习的时候。运用于准备活动时，通常可选择 4~8 个动作，一般每个动作持续 1~2 s，完成所有动作为 1 组，每组练习重复 4~6 次，共安排 1~2

组。在训练过程中可先对髋部各肌群进行动态拉伸，再进行多关节参与的肌群拉伸。进行动作纠正练习时，动态拉伸一般运用于力量训练中，每组力量训练结束之后对目标肌群进行动态拉伸可改善关节的活动范围，这既有助于肌纤维恢复原长度，又有助于保持或提高练习的动作速度，还有助于多种身体素质的协调发展。

4. PNF 拉伸的特点及负荷安排

PNF 拉伸的中文全称叫作本体感觉神经肌肉促进法。PNF 拉伸通常要在他人协助下完成，其生理学基础是利用逆牵张反射达到肌肉放松的目的。它通过不同的操作手段对肌梭和腱梭进行交互性刺激，能够有效改善关节灵活性。肌肉做等长收缩会对腱梭产生强烈的刺激，此时腱梭会将信号传入中枢神经，反射性地使肌肉放松，导致逆牵张反射的产生。

PNF 拉伸在刺激本体感受器的同时可以改善神经肌肉的兴奋性，进而改变肌肉张力，缓解肌痉挛和肌紧张，增大关节活动范围，提高神经肌肉的反应能力，预防运动损伤，对减少延迟性肌肉酸痛也有一定作用。多数研究认为，PNF 拉伸对肌肉、肌腱施加的负荷强度高于静态拉伸，其降低肌肉-肌腱复合体刚度的效果也优于静态拉伸。也有研究指出，PNF 拉伸结束后，外在负荷一旦停止，短时间内就可能会出现拮抗肌收缩以帮助主动肌放松的现象，这将导致柔韧性的快速降低。各项关于 PNF 拉伸对爆发力的影响的研究也存在较大争议，多数观点认为 PNF 拉伸对爆发力存在一定的负面影响，将 PNF 拉伸技术运用在对爆发力需求较高的练习之前可能无法获得理想的拉伸效果。PNF 拉伸既可以放在训练的准备活动阶段，也可以放在训练后的恢复放松阶段，但在进行对爆发力、速度、灵敏需求度较高的训练时，准备活动阶段应谨慎使用 PNF 拉伸。

PNF 拉伸包括静力-放松、收缩-放松、静力-放松加主动肌收缩三种技术，被牵拉者需要在同伴的帮助下完成练习。PNF 拉伸包括三个时相，三种技术的第一时相是相同的，被牵拉者要求进行被动拉伸10 s；第二时相的工作方式略有不同，第一种和第三种技术要求等长收缩，第二种技术则要求向心收缩；第三时相仍是被动拉伸，持续时间一般为 30 s。无论采取何种技术，PNF 拉伸要求将上述步骤重复 3~5 次，完成 1~2 组。下文将以小腿三头肌的拉伸为例介绍三种技术的操作步骤。

静力-放松技术的操作步骤：被牵拉者俯卧于垫子上，屈膝 90°，第一步，牵拉者按压被牵拉者的前脚掌，使其足背屈并产生中等强度的牵拉感，保持 10 s；第二步，牵拉者继续施加使其足背屈的力，而被牵拉者需尽可能对抗这个外在阻力并保持踝关节角度不变，保持 6 s；第三步，被牵拉者放松踝关节，继续进行静力性拉伸 30 s。

收缩-放松技术的操作步骤：第一步，牵拉者按压被牵拉者的前脚掌，使其足背屈并产生中等强度的牵拉感，保持 10 s；第二步，牵拉者继续施加使其足背屈的力，而被牵拉者需用力对抗阻力，保持小腿三头肌向心收缩；第三步，被牵拉者放松踝关节，继续进行静力性拉伸30 s。

静力-放松加主动肌收缩技术的操作步骤：第一步，牵拉者按压被牵拉者的前脚掌，使其足背屈并产生中等强度的牵拉感，保持 10 s；第二步，牵拉者继续施加使其足背屈的力，而被牵拉者需尽可能对抗这个外在阻力并保持小腿三头肌等长收缩 6 s；第三步，被牵拉者主动收缩胫骨前肌 30 s，通过主动完成足背屈动作来增加牵拉力度，使踝关节的活动范围进一步增大。

5. 主动分离式拉伸的特点及负荷安排

主动分离式拉伸是由亚伦·马特斯（Aaron Mattes）提出的一种拉伸方法，其生理学基础是主动肌与拮抗肌的交互抑制，即在主动拉伸之前先收缩目标肌肉的拮抗肌，拮抗肌张力增大的同时会引起目标肌肉的反射性放松。主动分离式拉伸既可以由他人协助完成，也可以徒手或者借助牵拉绳完成。

主动分离式拉伸重点针对局部肌群，在每个牵拉动作前先主动收缩目标肌肉的拮抗肌，这有助于目标肌肉放松，使牵拉更加有效。另外，肌肉的积极主动发力也有助于增加肌肉和筋膜的温度，改善局部血液循环，加快氧气和营养向机体转运的速率，更好地增强机体的柔韧性，加大关节活动范围。主动肌与拮抗肌的交互抑制有助于提高神经肌肉的协调性，预防大负荷运动引起的外周神经疲劳，对延缓运动疲劳可能有一定的作用。主动分离式拉伸对于肌肉力量的影响还有待于进一步的研究。

主动分离式拉伸是一种动作温和的拉伸技术，牵拉时应缓慢用力以避免牵张反射。主动分离式拉伸既可以由他人辅助完成，也可以借助牵拉绳完成，其基本要求是在牵拉之前先主动收缩要拉伸的目标肌肉的拮抗肌，而后对目标肌肉进行助力式牵拉，在助力式牵拉过程中要注意对负荷的控制，在 2 s 的持续拉伸时间内增加的助力不超过 1 lb（1 lb = 0.454 kg），然后使肌肉缓慢回到起始位置，重复 8~10 次。拉伸过程中要注意保持正确的呼吸节奏，在肌肉、肌腱伸展阶段呼气，这种呼吸方式有助于氧气的运输，能缓解肌紧张。

（二）稳定性训练方法分析

1. 稳定性训练方法的特点

稳定性训练方法主要是通过改善本体感受功能、提高肌肉力量、改善平衡能力、强化协调和动作有效性来实现对身体姿态的稳定控制。

无论采用何种方法，各个动作都包含姿态的"稳定性"因素，稳定性训练方法能够唤醒、激活肌肉中的本体感受器，调整机体位置，改善肌肉运动感觉和肌肉用力的协调性，从整体上提升运动表现；还能够通过增强肌肉力量改善稳定性，关节周围的肌肉、肌腱可对关节运动产生抑制，限制关节的过度活动，从而达到维持关节稳定的目的。进行稳定性训练时，动作要与呼吸相互配合。有研究指出，有效的呼吸模式能够激活躯干部位的深层稳定肌，吸气时核心区深层肌肉（如腹横肌）的收缩可以通过增加胸腰筋膜张力、提高腹内压来增强腰椎和躯干的稳定性。稳定性训练中采用闭链运动的方式要好于开链运动，因为闭链运动相较于开链运动能够更好地刺激关节及其周围组织的本体感受器，实现主动肌、拮抗肌、协同肌共同收缩，以达到维持关节稳定的目的。

2. 稳定性训练方法的负荷安排

稳定性训练的强度受到施加负荷、支撑面、动作完成性质、动作幅度等因素的影响。训练难度应遵循由静到动、由稳定到非稳定的原则。在训练量方面，静力性训练每组持续 30 s 以上，动力性训练每组重复 6 次以上，练习 2~3 组。稳定性训练旨在通过反复多次对肌肉紧张度进行控制来实现神经对肌肉的准确控制。稳定性训练要求特警队员在静力性练习中保持合理的动作姿态，注意呼吸与动作的配合，放缓动作速度，以充分动员机体的深层稳定性肌群参与动作。

二、一般体能训练方法分析

（一）一般力量训练方法分析

力量素质按照身体部位的不同可以分为上肢力量、下肢力量和核心区力量；按照不同运动的需求可以分为最大力量、快速力量、力量耐力和反应力量，本部分将结合不同运动的需求对各种力量训练方法的特点及负荷安排进行分析。

1. 最大力量训练方法的特点及负荷安排

最大力量可以通过增大肌肉横截面积、改善肌肉间和肌肉内的协调性得到提高。最大力量是特警队员力量素质的基本要求，例如，特警队员在日常工作及勤务中搬举重物对最大力量的要求较高。

肌肉横截面积增加及肌肉协调性改善对最大力量训练的量和强度提出不同要求。以增粗肌纤维为主要途径的最大力量训练方法旨在增大肌肉体积，该训练方法可采用 67%～85%1RM，重复次数 6～12 次，以提高机体的基础力量；以改善肌肉协调性为主要途径的最大力量训练方法的负荷安排一般为 85%～100%1RM，重复次数小于 5 次，完成 3～6 组，组间间歇时间为 2～5 min，最大力量百分比与最大重复次数的关系见表5-9。进行最大力量训练时，增加负荷的保守方法为"2×2 法则"，即如果特警队员能够在 2 次训练课中将某个练习的最后一组训练比目标次数多重复 2 次，那么进行下次最大力量训练时特警队员应当增加负荷，将增幅控制在 2%～5%，增加的训练量应以不改变重复次数为原则。

表5-9　最大力量百分比与最大重复次数的关系

最大力量百分比/%	最大重复次数/次
100	1

续表

最大力量百分比/%	最大重复次数/次
95	2
93	3
90	4
87	5
85	6
83	7
80	8
77	9
75	10
70	11
67	12
65	15

2. 快速力量训练方法的特点及负荷安排

快速力量训练方法是指改善肌肉快速收缩产生力量的能力的训练方法，需要将速度训练与力量训练有机结合。快速力量是特警技战术制胜的关键，具有精准性、垂直性、快速性特征的特警技战术要求特警队员具备优良的快速力量。

快速力量训练应当在不降低速度的状态下进行，它要求机体的中枢神经系统保持良好的兴奋状态。快速力量训练时负荷为 30%~90%1RM，重复 5~10 次，完成 3~6 组，组间间歇时间为 3~5 min。特警队员在进行快速力量训练时既可以采用负重的方式，也可以采用仅克服自身体重的方式，采用负重的方式发展快速力量时负荷应当大于 80%1RM。另外，改善协调和控制能力有利于保障动作流畅，使机体发挥更大的爆发力。

3. 力量耐力训练方法的特点及负荷安排

力量耐力训练方法是指保持肌肉长时间用力克服阻力的训练方法，是将力量训练和耐力训练有机结合的综合性训练方法，是实现特警技战术精准性和快速性的必要保障。

力量耐力可以分为最大力量耐力和快速力量耐力。在负荷安排方面，最大力量耐力训练的负荷通常小于或等于67%1RM，重复次数大于12次，完成2~4组，组间间歇时间为30~45 s；快速力量耐力训练采用的负荷为30%~45%1RM，参训者也可克服自身体重进行练习，该训练应重复10~20次，完成2~4组，要求参训者在最短时间内完成，组间间歇时间为60~90 s。

4. 反应力量训练方法的特点及负荷安排

反应力量训练方法是使肌肉先进行离心式拉长再进行向心式收缩的训练方法，它能够充分利用弹性势能在骨骼肌中的储存和释放及运动神经反射性调节来提高力量。特警技战术的垂直性和快速性特征要求特警队员具备良好的反应力量，攀登越障、跑动等训练需要肌肉先进行离心式拉长再进行向心式收缩，良好的反应力量有助于特警技战术水平的充分发挥。

目前，反应力量训练多采用快速伸缩复合训练方法，即通过弹性势能的储存和释放增加反应力量。快速伸缩复合训练方法还能增加力的产生速度，增强爆发力，提高力的传递效率，改善灵敏性。

根据肌肉的超等长收缩原理，拉长-缩短式的肌肉收缩（stretch-shortening cycle, SSC）可以比单纯的向心收缩发挥出更大的力，其原因是拉长-缩短式的肌肉收缩不仅能够产生弹性势能，还能够引发牵张反射，并且弹性势能对肌肉收缩发力的贡献率比牵张反射更大。

开展反应力量训练前应对训练动作的强度、量、频率和休息时间进行合理设计，此处以下肢快速伸缩复合训练为例介绍反应力量训练的强度（表5-10）和量（表5-11）的安排。反应力量训练主要利用 ATP-CP 供能系统提供能量，需要特警队员尽最大努力训练，各次、各组训练及各节训练课都要在身体完全恢复的条件下进行。组间间歇的时间由训练时间与休息时间之间的比值来确定，一般为 1∶5~1∶10。

表5-10　反应力量训练强度

影响因素	训练强度
地面接触点	双脚跳<交换跳<单脚跳
运动方向	纵向<横向<旋转
运动速度	速度越快，强度越大
跳跃高度	高度越高，强度越大
练习负重	承受重量越大，强度越大

表5-11　反应力量训练量

训练程度	训练量（触地次数）
初级	15~20 次
中级	21~30 次
高级	31~40 次

一次一般力量训练课中训练内容的顺序安排为：若训练课包含爆发力训练，则一般首先安排爆发力训练，其次安排核心区力量训练，再安排辅助力量训练；若不包括爆发力训练，则可以先安排核心区力量训练，再安排后续训练。特警日常训练量较大，为节省训练时间、提高训练密度，可将推（例如俯卧撑）、拉（例如引体向上）动作交替安排，

这种安排既可以使主动肌有足够的休息时间，还可以维持较高的训练强度；也可以交替进行上肢和下肢训练，以缩短间歇时间，提高训练效率；还可以先进行大肌群力量训练，再进行小肌群力量训练，这主要是由于先进行小肌群力量训练会导致小肌群疲劳，进而使大肌群力量训练难以充分完成，较难取得理想的训练效果。力量训练应遵循"向心收缩时呼气，离心收缩时吸气"的原则。

（二）一般速度训练方法分析

1. 一般速度训练方法的特点

一般速度训练方法主要包括一般反应速度训练方法和移动速度训练方法。一般反应速度训练方法的特点在于能够减少兴奋通过反射弧所需的时间，改善运动神经细胞和肌肉组织的兴奋性，提高神经肌肉的灵活性，巩固运动条件反射的熟练程度；移动速度训练方法则是通过提高肌肉快速力量、爆发力、反应力量、关节活动度，改善神经系统的灵活性和反复进行短距离快速移动的方式来进行的。

2. 一般速度训练方法的负荷安排

速度训练对神经系统的灵活性要求较高，应当安排在运动神经中枢兴奋-抑制转换快速、神经肌肉之间的协调性较好的训练开始阶段。训练负荷的安排以不降低单个动作的速度为原则，一般单个练习不应超过20 s。速度训练的运动强度较大，当心率恢复至120次/分时可以开始下一次练习，当心率恢复至或接近90~100次/分时再进行下一组练习。教师或教练应处理好速度训练与其他身体素质训练的关系，合理安排训练顺序，使速度训练和其他身体素质训练相互促进，共同提高特警技战术水平。

（三）一般耐力训练方法分析

1. 间歇训练法的特点及负荷安排

间歇训练法是指对练习的动作结构、强度、间歇时间进行严格规定，使机体在处于不完全恢复状态时反复进行练习的训练方法。该方法的优点在于通过变换练习的强度、练习的时间、练习的次数和组数以及间歇的形式和时间，对心血管系统产生较强的刺激，达到兼顾发展ATP-CP 供能系统、糖酵解供能系统、ATP-CP 与糖酵解混合供能系统、糖酵解与氧化能混合供能系统和氧化能供能系统的供能能力的目标，有利于特警队员在复杂的实战环境中稳定发挥技战术。该方法还通过较高负荷的心率刺激训练来提高机体的耐乳酸能力，确保特警队员在高强度的工作任务中保持持续作战的能力。

运动训练学将间歇训练法分为高强性间歇训练法、强化性间歇训练法（A 型和 B 型）和发展性间歇训练法。

间歇训练法的分类需要考虑能量代谢系统的供能特征，人体在运动中的能量输出过程可分为无氧代谢和有氧代谢，不同的运动技术需要不同的代谢过程为其供应能量，一切运动过程都依赖三个能量代谢系统按照不同比例参与供能，供能占比的大小取决于运动的性质和特点，不存在单一能量代谢系统供能的运动过程。在人体的三个能量代谢系统中，ATP-CP 供能系统是极量运动的能源系统，供能时间为 6~8 s。糖酵解供能系统在极量运动的开始阶段即可参与供能，运动 30~60 s 时其供能速率达到最大，可维持运动的时间为 2~3 min。氧化能供能系统的最大输出功率仅为糖酵解供能系统的 1/2，但其能源物质贮备丰富，是长时间运动的主要供能系统。

高强性间歇训练法的负荷安排。高强性间歇训练法的强度接近极限强度，重点发展 ATP-CP 供能系统和 ATP-CP 与糖酵解混合供能系统的供能能力，心率控制在 190 次/分至最高心率，负荷持续时间小于 40 s，两组练习之间安排积极性休息。间歇可采用三种形式，即相对充分间歇、相对不充分间歇、很不充分间歇。两次（组）练习之间进行相对充分间歇（心率恢复至 120 次/分以下），可最大限度发展机体 ATP-CP供能系统的供能能力，提高机体在该系统供能条件下的速度、爆发力、最大力量等，这一方法还可应用于练习防卫控制、攀登越障中的单个技术和组合技术，能够将单一技术动作的训练与速度、爆发力等身体素质的训练融为一体；两次（组）练习之间进行相对不充分间歇（心率恢复至 120~130 次/分），可有效提高机体 ATP-CP 和糖酵解混合供能系统的供能能力，改善机体在混合系统供能条件下的速度耐力和力量耐力，提高特警技战术运用的规范性和熟练程度；两次（组）练习之间进行很不充分间歇（心率恢复至 130~140 次/分），可有效提高机体 ATP-CP 供能系统和糖酵解供能系统的供能能力，特别是机体在糖酵解供能系统供能条件下的速度耐力和力量耐力，提高该供能条件下特警技战术运用的规范性和熟练程度，实现特警技战术训练与供能能力训练一体化。

强化性间歇训练法的负荷安排。强化性间歇训练法是旨在发展糖酵解和氧化能混合供能系统的供能能力及该混合供能条件下的身体素质、运动技术的训练方法，按照负荷强度的不同，强化性间歇训练法又可以分为 A 型和 B 型两类。强化性间歇训练法 A 型负荷强度略低于极限强度，重点发展糖酵解供能系统的供能能力、ATP-CP 与糖酵解混合供能系统的供能能力，提高机体在该供能条件下的速度耐力、力量耐力和特警技战术运用的规范性和熟练程度，心率通常控制在 180 次/分至最高心率，负荷持续时间为 40~90 s；强化性间歇训练法 B 型要求将心率控制在 170~180 次/分，负荷持续时间为 90~180 s。采用强化性间歇训练法的两组练习之间可安排积极性休息，间歇包括很不充分间歇、相对不充分间歇、相对充分间歇三种形式，具体采取何种间歇方式可根据训练目标、特警实战需求进行针对性安排，实现能量代谢系统供能能力和特警技战术训练水平的共同提高。采用强化性间歇训练法提高无氧耐力时，每组练习一般进行 3~4 次以保持必要的训练强度。练习的重复组数依据特警队员的水平而定，训练水平低者重复组数较少，可安排 2~3 组，训练水平高者可安排 3~5 组。确定练习组数的基本原则为使特警队员在最后一组练习中能够保持所规定的强度。

发展性间歇训练法的负荷安排。发展性间歇训练法旨在发展氧化能供能系统的供能能力，为开展高强度无氧训练奠定基础，它也可与防卫控制技战术训练相结合，用于练习单个技术和组合技术。发展性间歇训练法要求每次练习的负荷持续时间较长，通常不低于 3 min，心率控制在 160~170 次/分，组间通常采用积极性休息，训练时间、训练强度与间歇形式可根据训练目标和特警实战需求进行合理安排，由于该方法的训练强度为中等强度，所以采用很不充分间歇、相对不充分间歇、相对充分间歇三种间歇方式中的任意一种，其重点都是发展氧化能供能系统的供能能力及该系统供能条件下的特警技战术水平。

2. 持续训练法的特点及负荷安排

持续训练法是指负荷强度较低、负荷持续时间较长，参训者连续无间歇进行练习的训练方法。该方法旨在提高机体氧化能供能系统的供能能力及该系统供能条件下特警技战术动作的熟练度，为发展无氧耐力奠定基础。氧化能供能系统的主要能源物质为糖和脂肪，训练过程中并不要求反复练习固定动作。参训者可在野外自然环境中进行负重走、跑拉练，也可在田径场上进行常规持续训练，训练强度应根据特警实战需求进行合理安排。

持续训练法与高强性间歇训练法都可以提高肌纤维中 PGC-1α 蛋白的含量，能够诱导骨骼肌线粒体的生物合成，还可以提高脂肪利用率，增加糖原储备，大幅度提高机体的有氧耐力。通常，持续训练法要求每次练习的负荷持续时间较长（≥30 min），心率控制在 145~170 次/分，可以通过"安静心率+（最大心率-安静心率）×（60%~70%）"公式计算适宜心率，练习的动作结构相对稳定，训练无间歇。

在实际训练过程中，为提高特警队员的耐力水平，通常需要将高强性间歇训练法、强化性间歇训练法、发展性间歇训练法和持续训练法结合使用，以促进机体有氧代谢和无氧代谢供能能力的提高。

（四）一般灵敏训练方法分析

1. 一般灵敏训练方法的特点

一般灵敏训练方法是指使机体在相对稳定的环境下进行快速准确地改变身体空间位置和运动方向的训练方法。灵敏素质可以分为闭锁性灵敏素质和开放性灵敏素质。闭锁性灵敏素质是指在预先计划的、可预测的或在相对稳定的环境下进行运动的一种身体素质。开放性灵敏素质是指在没有计划、不可预测和不稳定的环境下进行运动的一种身体素质。一般灵敏训练方法主要以闭锁性灵敏素质的训练为主，旨在让特警队员掌握和巩固各种灵敏跑动技术，为战斗速度与灵敏训练奠定基础。

2. 一般灵敏训练方法的负荷安排

灵敏训练应当避免在疲劳的情况下展开，练习的次数不宜过多，训练时间不宜过长，否则容易使机体产生疲劳，导致机体反应迟钝、力量下降、速度降低。在充分热身后进行灵敏训练可以有效激活特警队员的身体与精神意识，提高其运动学习能力。练习之间应有足够的休息时间，以保证氧气的补充和肌肉中高能化合物的再合成。一般来讲，练习时间与休息时间的比例可以为 1∶5，每周安排 2~3 次，一次灵敏素质训练的时间要控制在 30 min 以内。

三、战斗体能训练方法分析

（一）战斗速度与灵敏训练方法的特点及负荷安排

战斗速度与灵敏训练方法能够将力量、速度、反应与各种特警技战术有机结合。训练要求在神经系统兴奋性较高、肌肉无疲劳的状态下进行，特警队员要尽全力完成练习，一次练习之后可充分休息，练习时间与休息时间的比例约为 1∶5，这样可使特警队员在神经肌肉系统得到充分恢复后再进行下一组训练。战斗速度与灵敏训练要结合反应速度训练、动作速度训练、移动速度训练和灵敏训练，这样才能够使训练的本质更接近特警技战术需要，获得较好的训练效果。需要指出的是，在实战情况下，特警队员经常需要在疲劳状态下表现出较高的灵敏素质，这提示我们在训练中应当适当安排持续性的灵敏训练，以满足特警实战需求。

（二）战斗力量训练方法的特点及负荷安排

战斗力量训练方法主要发展特警技战术需要的专项化力量，使特警队员获得的专项化力量直接服务于特警技战术。战斗力量训练可以系统整合上肢力量、下肢力量和核心区旋转爆发力，提高各环节的协同配合能力，通过提升整条动力链的力量传递效率，有效增大机体的能量输出，改善特警技战术的动作效果。例如，将弹力带置于脚踝进行各种踢法练习，其动作轨迹与实战中产生的动作轨迹相同，外加的弹性负荷能够使机体的神经肌肉系统受到更强烈的刺激，有利于增强踢法的攻击力。选择与特警技能的动作结构相吻合的力量练习，能够使在完成实战动作的过程中发挥控制作用的相关肌肉和神经系统得到较强的刺激。战斗力量训练旨在强化快速力量训练、快速力量耐力训练和反应力量训练，其负荷安排与一般力量训练相同。

（三）战斗整合训练方法的特点及负荷安排

战斗整合训练方法是结合实战场景，系统整合力量、速度、灵敏等身体素质训练和特警技战术训练，有效刺激三大能量代谢系统的训练方法。战斗整合训练方法有多种组合，可以根据不同的特警技战术特征，以需求为导向进行设置。例如，"负重快速引体向上+15 m 手枪精度射击"就是针对特警技战术的精准性与快速性特征而设计的训练方法，其主要目的在于提高特警队员的上肢快速力量及在上肢肌肉疲劳时进行中距离手枪射击的稳定性；"一对一防卫控制限制条件实战+场地障碍"则是针对具有精准性、垂直性和快速性特征的特警技战术进行系统整合设计的训练方法，旨在发展特警队员在无氧供能条件下完成动作技能的精准性及在疲劳状态下翻越障碍的能力；"四人扛圆木+配合过高板+爬绳"是针对特警技战术的快速性和垂直性特征而设计的训练方法，旨在发展特警队员的力量素质和团队协同配合能力。

战斗整合训练方法种类众多，组合方式多样，科学合理地设计战斗整合训练方法关键在于透过多样化的方法手段揭示其组合特征。从前文分析我们不难看出，专家所设计的各类训练方法均针对特警技战术的某种或某些特征，是各类体能要素与具有不同特征的特警技战术的有机整合，旨在提高特警队员的单兵作战能力和团队配合的整体战斗能力。教师或教练在充分理解特警技战术特征及体能需求的基础上，可以根据训练和工作的实际需求选择具有不同特征的特警技战术进行合理搭配，从而达到对特警队员体能各要素进行整合训练的目的。战斗整合训练方法的设计方案见表5-12。

表5-12　战斗整合训练方法的设计方案

训练方式	特警技战术特征组合	具体手段1	具体手段2
双特征组合单兵训练	快速性+精准性	100 m快速游泳+手枪快速射击	拳法移动靶+步枪精度射击
	垂直性+精准性	爬绳+手枪移动射击	爬杆+手枪多方向射击
三种特征组合单兵训练	快速性+垂直性+精准性	快速通过场地障碍+多目标射击	快速摔沙人+楼房攀登索降+手枪快速射击
	垂直性+精准性+快速性	楼房攀登索降+单手精度射击+拳法移动靶	楼梯搜索上楼+固定目标射击+快速下楼
多特征组合单兵训练	垂直性+快速性+垂直性+精准性	场地障碍+1000 m装备跑+攀登索降+手枪快速射击	楼房攀登索降+快速游泳+爬绳+精度射击
	快速性+垂直性+精准性+快速性+精准性	武装泅渡+爬绳+单手精度射击+1000 m+移动射击	快速通过场地障碍+精度射击+拳法移动靶+近距离快速射击

续表

训练方式	特警技战术特征组合	具体手段1	具体手段2
双人配合训练	快速性+垂直性+精准性	双人推汽车+双人掩护上楼梯+固定靶射击	场地障碍+一对一防卫控制限制条件实战
	垂直性+快速性+垂直性+精准性	双人配合过高板+双人推汽车+掩护楼梯搜索+7 m手枪隐显靶射击	负重爬绳+双人配合抬圆木+攀爬建筑物+15 m手枪精度射击
团队组合训练	快速性+垂直性+精准性	小组配合负重越野+攀爬建筑物+50 m步枪精度射击+小组配合近距离多目标射击	小组配合快速通过场地障碍+楼梯搜索+小组配合近距离多目标射击

将体现不同特征的特警技战术根据特警实战需求加以整合能够设计出不同的战斗整合训练方法。需要强调的是，体现"体能训练与特警技战术训练一体化"的战斗整合训练需要技能、战术与体能教师或教练密切协作。在实际训练中，特警技战术的专项需求与运动方式离不开技能、战术教师或教练的设计和评价，训练的强度、总量、间歇、频率则应当由体能教师或教练进行控制。

小结

本章重点构建特警体能训练方法体系，解决"怎么练"的问题；界定了特警体能训练方法体系的内涵和外延，明确了特警体能训练方法体系的构建依据并分析了特警体能训练方法体系的结构。

特警体能训练方法体系是指为达到特警体能训练总目标而采用的一系列方法和途径所构成的有机整体，旨在依据特警体能训练内容体系的层次结构、特警技战术的动作结构特征及生物适应理论实现特警体能训练方法体系诸要素的合理配置。特警体能训练方法体系分为基本功能性体能训练方法、一般体能训练方法、战斗体能训练方法三个层次，每个层次的训练方法又有不同的训练手段和负荷安排。

　　特警体能训练方法体系是实现特警体能训练目标、完成特警体能训练内容的基本途径，有利于指导特警体能训练实践活动。教师或教练在为特警队伍设计体能训练方案时，可参考本研究给出的特警体能训练方法体系，结合特警队伍的实际需求选择合适的训练方法。特警体能训练目标、训练内容和训练方法各子体系的构建对于制订训练计划、指导训练实践具有重要作用，但其应用效果如何则是训练评价应当解决的问题，下一章将重点构建特警体能训练评价体系，即解决"练得怎样"的问题。

第六章

特警体能训练评价体系

　　特警体能训练评价主要是解决"练得怎样"的问题，如何评价特警体能训练水平、检验训练实效成为特警体能训练科学化发展的重要方面，对科学实施特警体能训练过程具有积极意义。近年来，随着特警体能训练工作的科学化发展，有关特警体能训练评价的研究逐渐引起教师、教练与科研人员的重视，如何筛选特警体能训练评价指标、确定特警体能训练评价指标权重、制定特警体能训练评价标准，如何对特警队员的体能水平进行客观、全面的综合评价，成为特警体能训练领域亟需解决的重要研究课题。本章重点分析特警体能训练评价指标及其权重，采用文献资料法、逻辑分析法等方法对特警体能训练评价体系的理论基础进行分析，明确特警体能训练评价体系构建的依据和原则，初步确定特警体能训练评价体系的构建思路；运用专家调查法和数理统计法进一步明确特警体能训练评价体系各层次的评价指标及其权重。特警体能训练评价体系的构建对于全面、综合地评价特警体能训练水平，检验特警体能训练效果，制订和调整特警体能训练计划具有重要作用。

第一节　特警体能训练评价体系的界定

评价即价值的确定，它是指对所获得的信息进行加工处理，通过科学分析进行价值判断并赋予被测量事物某种意义的过程。

本研究借鉴评价与体系的相关概念，将特警体能训练评价体系界定为由对特警体能训练信息进行价值判断的诸要素构成的有机整体。特警体能训练评价体系通常包含筛选评价对象和评价目标、筛选评价指标、确定评价指标权重、制定评价标准这四个部分。该定义明确指出特警体能训练评价体系是一个系统的有机整体，强调其功能在于对特警体能训练信息进行价值判断，并指出其外延包括评价对象、评价目标、评价指标、指标权重和评价标准。

建立特警体能训练评价体系的主要目的在于对我国特警队员的体能水平做出正确的评估，以此制定出有针对性的改进措施，为改善特警体能训练的现状、实现预定的训练目标、制定训练决策提供判断依据。训练前的评价能够判断特警队员的现实状况并以此作为训练起点，为制订训练计划提供依据；训练中的评价能够及时对特警队员的身体状况和训练效果进行反馈，为调整训练计划提供参考；训练后期的评价能够客观评定特警体能训练目标的实现程度，为后续制订体能训练计划和改进训练方法提供支撑。

第二节　特警体能训练评价体系的
构建依据、原则和思路

特警体能训练需要从宏观角度进行定量评价，评价时应根据不同的评价目标选择不同的评价指标。特警体能训练评价体系的构建既要客观反映特警队员在不同训练时期、不同训练阶段的体能状态，又要保障测量指标的有效性和重复测量结果的一致性，客观合理地反映特警体能训练水平。特警体能训练评价体系的构建需要遵循科学性、鉴别性、相关性和独立性原则。

一、特警体能训练评价体系的构建依据

特警体能训练评价体系的构建是在系统理论的指导下，以价值评价理论、训练目标为依据，遵循测量与评价的基本理论，对特警体能训练目标体系各层次的实现程度进行科学评价的过程。

价值评价理论指出，评价是一种价值判断，带有很强的主观性并随评价主体的变化而变化，要想做出客观合理的评价，必须根据客观的价值事实，实事求是地进行评价。评价结果能否客观反映事物的价值和实际水平取决于评价指标是否代表了事物的属性，即评价指标是否具有有效性，在此基础上还要运用合理的评价方法，只有这样我们才能够真正认识评价对象的价值。评价各要素时我们要在相同的评价条件下、采用相同的评价手段进行评价，对同一批对象进行测量时所得的结果要具有一致性。

特警体能训练目标体系是构建特警体能训练评价体系的灵魂，没有

合理的特警体能训练目标体系，对体能各要素的评价将失去正确的方向。特警体能训练评价体系的构建应以特警体能训练目标体系为导向，选取有效的评价指标，明确各指标的权重，制定合理的评价标准，系统客观地评价特警队员的体能水平，以判断特警队员的现实状态、检验训练效果及评价特警体能训练目标的实现程度。

二、特警体能训练评价体系的构建原则

(一) 科学性原则

科学性原则是指评价指标体系必须符合评价的有效性、可靠性和客观性原则。该原则要求评价指标能够准确、有效地测量某种属性，而且用该评价指标进行评价时，评价结果具有一致性。要尽量选择能够量化的评价指标，确保指标相关数据来源明确；要客观合理地确定各评价指标的权重，力求设定可量化的评价标准，便于进行统计分析。

(二) 鉴别性原则

鉴别性原则是指评价体系能够区别出不同能力和水平的特警队员。根据评价基本理论可知，评价体系中各要素的负荷安排、操作难度、操作基本要求均会影响评价的鉴别力。只有在评价体系中各要素的负荷安排、操作难度及操作基本要求适中、合理时，评价体系才具有最大的鉴别力。制定评价体系时，必须根据评价的属性、受试者的特点等全面考虑影响评价鉴别力的各种要素。

(三) 相关性和独立性原则

评价的相关性是指评价体系中各要素与总体属性的相关关系。各评价要素与总体属性的相关程度越高，结构的有效性就越好。评价的独立

性是指各评价要素应当具备单一的属性。相关性和独立性原则是指特警体能训练评价体系内部各要素之间的相关程度低，独立程度高，这样既有利于避免评价属性的重复和交叉影响，提高评价的有效性，还有利于简化评价，节省人力和物力。

三、特警体能训练评价体系的构建思路

为确保评价合理，我们必须严格标准、规范程序，这是减少评价偏差、确保评价准确的重要基础。构建特警体能训练评价体系通常包含以下四个基本环节（图6-1）：确定评价对象和评价目标、确定评价指标、赋予评价指标权重、规范评价标准。

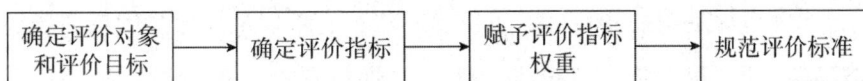

```
┌──────────┐    ┌──────────┐    ┌──────────┐    ┌──────────┐
│ 确定评价对象 │ →  │ 确定评价指标 │ →  │ 赋予评价指标 │ →  │ 规范评价标准 │
│ 和评价目标  │    │          │    │   权重    │    │          │
└──────────┘    └──────────┘    └──────────┘    └──────────┘
```

图6-1　构建特警体能训练评价体系的基本环节

构建特警体能训练评价体系，首先，要明确评价对象和评价目标是什么；其次，要以特警体能训练目标体系为导向，将各目标要素转化成一套可以进行量化的评价指标；再次，要确定各个评价指标的权重；最后，要明确各个指标的评价标准及计分方法。

第三节　特警体能训练评价体系构建

一、特警体能训练的评价对象和评价目标

特警体能训练的施加对象为特警队员，因此，特警体能训练评价体

系的评价对象也应当为特警队员。评价目标实质上是各种目标和要求，主要是评价者为维护被评价主体的相关需求而设立的。建立特警体能训练评价体系的目的在于对我国特警体能训练水平做出正确的评估，以此制定更有针对性的改进措施，提高特警体能训练的科学化水平。特警体能训练的评价目标，主要是指在特警体能训练过程中，结合特警实战需求确定的各类目标和各种要求。根据特警体能训练评价的价值取向，结合专家咨询法，本研究确定特警体能训练的评价目标是对我国特警体能训练的发展水平进行评价。

二、特警体能训练的评价指标

评价指标是指衡量目标的单位或方法，它可以从质或量的层面描述客观事物的某种属性。评价指标涉及"评价什么"的问题，是评价活动的重要环节，任何一个评价指标都无法反映整体目标，而只能反映整体目标的局部和某一方面，是整体目标的细化，其科学化程度直接决定评价结果是否科学和有效。特警队员的日常训练和实战任务较重，这就要求特警体能训练评价指标能准确有效地反映特警队员的体能训练水平，同时运用该评价指标进行评价的过程要简便且易操作。

（一）构建特警体能训练评价指标体系的基本路线

筛选特警体能训练评价指标需要一定的理论和逻辑支撑。首先，本研究采用文献资料法、专家访谈法明确评价的一级指标，分解二级指标，初选三级指标；其次，通过专家调查法对初选的三级指标进行筛选；最后，对筛选后初步敲定的三级指标进行数据收集，采用统计方法进行指标优化。构建特警体能训练评价指标体系的基本路线见图6-2。

```
┌─────────────┐        ┌─────────────┐
│ 明确一级指标  │        │ 文献资料法   │
│ 分解二级指标  │ ◀───── │ 专家访谈法   │
│ 初选三级指标  │        │             │
└─────────────┘        └─────────────┘
       │
       ▼
┌─────────────┐        ┌─────────────┐
│ 筛选三级指标  │ ◀───── │ 专家调查法   │
└─────────────┘        └─────────────┘
       │
       ▼
┌─────────────┐        ┌─────────────┐
│ 确定三级指标  │ ◀───── │ 统计方法     │
└─────────────┘        └─────────────┘
```

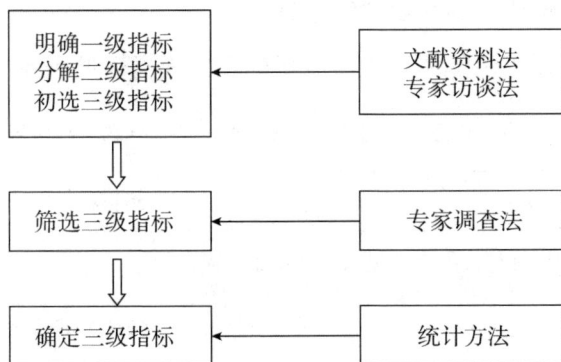

图 6-2　构建特警体能训练评价指标体系的基本路线

（二）特警体能训练评价指标各要素的确定

1. 特警体能训练评价指标的初选

通过查阅有关特警体能评价的文献资料和访谈相关专家的方式，本研究初选了评价指标，并在参考前人研究成果及经验的基础上做了进一步分析和筛选。在筛选过程中，笔者先对各个因素进行分解，即按照评价对象本身所具备的逻辑结构进行逐层分解，再结合实践经验和专家意见进行部分调整，将分解出来的主要因素作为初选评价指标。

（1）明确一级指标。一级指标应当是对评价指标体系各因素进行分解的逻辑起点，只有依据评价的目的确定一级指标的数量和名称，才有可能进一步展开分析和研究。本研究以价值评价理论、特警体能训练目标体系为依据，遵循测量与评价的基本理论、评价体系构建的基本原则，设计了特警体能训练评价体系的 3 项一级指标，分别是基本功能性体能训练评价指标、一般体能训练评价指标和战斗体能训练评价指标。

（2）分解二级指标。按照选择评价指标的原则和构建指标体系的常用模式，在确定的一级指标的基础上，逐层逐项进行分解，筛选出特警体能训练评价体系的9项二级指标。

特警体能训练评价体系的一级指标和二级指标见表6-1。

表6-1 特警体能训练评价体系的一级指标和二级指标

一级指标	二级指标
基本功能性体能训练评价指标	灵活性和稳定性评价指标
一般体能训练评价指标	一般力量评价指标、一般速度评价指标、一般耐力评价指标和一般灵敏评价指标
战斗体能训练评价指标	战斗速度与灵敏评价指标、战斗力量评价指标、战斗耐力评价指标和战斗整合评价指标

（3）初选三级指标。特警体能训练评价体系三级指标的初选要建立在二级指标的基础上，即对二级指标进行分解，初步选定三级指标。结合实践经验和专家意见，分析所列评价指标能否较为全面地评估特警队员的体能训练水平，是否符合构建指标体系的各项原则和要求，并在此基础上对特警体能训练评价指标进行必要的增减，对部分评价指标的名称进行修改，对同一属性的评价指标进行了必要的合并，本研究初选出40项可量化评定的三级指标。特警体能训练评价体系的三级指标初选结果见表6-2。

表6-2 特警体能训练评价体系的三级指标初选结果

一级指标	二级指标	三级指标
基本功能性体能训练评价指标	灵活性和稳定性评价指标	功能性动作筛查（FMS）

一级指标	二级指标	三级指标
一般体能训练评价指标	一般力量评价指标	1RM 深蹲
		垂直纵跳
		立定跳远
		单脚站立
		1RM 硬拉
		1RM 卧推
		30 s 引体向上
		30 s 俯卧撑
		30 s 双杠臂屈伸
		30 s 两头起
		30 s 悬垂举腿
		杠铃高翻
		侧抛药球
	一般速度评价指标	30 m 冲刺跑
		50 m 冲刺跑
		100 m 短跑
		简单反应时测试
		复杂反应时测试
		10 s 后鞭腿
		10 s 直拳

续表

一级指标	二级指标	三级指标
一般体能训练评价指标	一般耐力评价指标	200 m 短跑
		400 m 短跑
		800 m 中长跑
		3000 m 耐力跑
		12 min 耐力跑
		YOYO 跑
		1000 m 蛙泳
	一般灵敏评价指标	4×10 m 折返跑
		10 s 立卧撑
		T 测试
		伊利诺斯测试
战斗体能训练评价指标	战斗速度与灵敏评价指标	攀爬避雷针地线
		攀爬雨漏管
	战斗力量评价指标	5 m 爬绳
		快速翻轮胎
		1 min 摔沙人
	战斗耐力评价指标	5000 m 负重越野跑
		场地障碍+1000 m 耐力跑
	战斗整合评价指标	场地障碍+连续摔倒 3 个间隔 2 m 的沙人

2. 特警体能训练评价指标的复选

在初选所确定的各指标中，有的可以反映评价对象的本质，有的则未必有效。各指标之间依旧存在重复、交叉等关系。为使评价结果更加精确、评价过程更易实施，在保证客观性、可靠性和有效性的前提下，我们对相关专家进行问卷调查。通过对调查结果进行统计分析，初选的40个三级指标经过二次筛选后缩减为 11 个，特警体能训练评价体系中三级指标的复选结果见表6-3。

表6-3 特警体能训练评价体系中三级指标的复选结果 （$N=38$）

一级指标	二级指标	三级指标	平均数±标准差	一次筛选	变异系数	二次筛选
基本功能性体能训练评价指标	灵活性和稳定性评价指标	功能性动作筛查（FMS）	4.47±0.70	保留	0.16	保留
一般体能训练评价指标	一般力量评价指标	1RM 深蹲	3.05±1.18	剔除	0.39	
		垂直纵跳	4.05±0.85	保留	0.21	保留
		立定跳远	4.53±0.61	保留	0.14	保留
		单脚站立	2.74±0.93	剔除	0.34	
		1RM 硬拉	2.68±0.95	剔除	0.35	
		1RM 卧推	2.74±0.99	剔除	0.36	
		30 s 引体向上	4.68±0.48	保留	0.10	保留
		30 s 俯卧撑	3.21±1.03	剔除	0.32	
		30 s 双杠臂屈伸	3.84±0.83	剔除	0.22	
		30 s 两头起	4.16±0.76	保留	0.18	保留
		30 s 悬垂举腿	3.26±0.99	剔除	0.30	
		杠铃高翻	1.63±0.60	剔除	0.37	
		侧抛药球	2.68±0.82	剔除	0.31	

续表

一级指标	二级指标	三级指标	平均数±标准差	一次筛选	变异系数	二次筛选
一般体能训练评价指标	一般速度评价指标	30 m 冲刺跑	3.37±0.60	剔除	0.18	
		50 m 冲刺跑	4.47±0.51	保留	0.11	保留
		100 m 短跑	4.16±1.57	保留	0.37	剔除
		简单反应时测试	3.32±0.67	剔除	0.20	
		复杂反应时测试	2.95±0.78	剔除	0.26	
		10 s 后鞭腿	3.26±1.82	剔除	0.56	
		10 s 直拳	3.68±0.48	剔除	0.60	
	一般耐力评价指标	200 m 短跑	2.89±0.81	剔除	0.28	
		400 m 短跑	4.84±0.37	保留	0.08	保留
		800 m 中长跑	2.21±0.54	剔除	0.24	
		3000 m 耐力跑	4.53±0.70	保留	0.15	保留
		12 min 耐力跑	2.58±0.51	剔除	0.20	
		YOYO 跑	3.00±0.58	剔除	0.19	
		1000 m 蛙泳	3.68±0.75	剔除	0.20	
	一般灵敏评价指标	4×10 m 折返跑	4.05±1.06	保留	0.26	保留
		10 s 立卧撑	2.84±0.96	剔除	0.34	
		T 测试	3.63±1.34	剔除	0.37	
		伊利诺斯测试	4.63±0.60	保留	0.13	保留
战斗体能训练评价指标	战斗速度与灵敏评价指标	攀爬避雷针地线	2.37±1.07	剔除	0.45	
		攀爬雨漏管	2.58±1.07	剔除	0.42	
	战斗力量评价指标	5 m 爬绳	4.05±1.68	保留	0.42	剔除
		快速翻轮胎	2.47±0.96	剔除	0.39	
		1 min 摔沙人	3.95±0.85	剔除	0.21	
	战斗耐力评价指标	5000 m 负重越野跑	3.74±0.73	剔除	0.20	

续表

一级指标	二级指标	三级指标	平均数±标准差	一次筛选	变异系数	二次筛选
战斗体能训练评价指标	战斗耐力评价指标	场地障碍+1000 m 耐力跑	2.79±0.63	剔除	0.23	
	战斗整合评价指标	场地障碍+连续摔倒 3 个间隔2 m 的沙人	4.84±0.37	保留	0.08	保留

由于二级指标中的战斗速度与灵敏评价指标、战斗力量评价指标、战斗耐力评价指标所包含的三级指标全部剔除，因此，二级指标最终缩减为 6 个，分别是灵活性和稳定性评价指标、一般力量评价指标、一般速度评价指标、一般耐力评价指标、一般灵敏评价指标、战斗整合评价指标。特警体能训练评价体系中二级指标的最终筛选结果见表6-4。调查结果反映出专家们普遍认为特警体能训练评价指标应当少而精，在战斗体能训练评价方面要注重战斗整合评价。

表6-4 特警体能训练评价体系中二级指标的最终筛选结果

一级指标	二级指标	筛选结果
基本功能性体能训练评价指标	灵活性和稳定性评价指标	保留
一般体能训练评价指标	一般力量评价指标	保留
	一般速度评价指标	保留
	一般耐力评价指标	保留
	一般灵敏评价指标	保留
战斗体能训练评价指标	战斗速度与灵敏评价指标	剔除
	战斗力量评价指标	剔除
	战斗耐力评价指标	剔除
	战斗整合评价指标	保留

3. 特警体能训练评价指标的最终确定

经专家评定后，三级指标已经明显减少，它们在一定程度上能够为特警体能训练评价提供比较全面的信息。为尽可能地精简指标，以便运用较少的指标比较全面地反映特警队员训练过程中的主要信息，本研究采用特警体能训练评价指标对测试对象实施测试，并对测试数据进行统计分析，目的在于实现对三级指标的优化，使所选择的评价指标更加简洁、有效，其测试过程更易操作。这里采用相关系数法对各评价指标间的相关性进行统计分析，删除相关系数≥0.7的指标。

测试评价指标内部的相关系数，其绝对值≥0.7则表明评价指标之间具有较高程度的相关性，即两个评价指标的相似程度较高，此时可以保留测试过程相对简便的指标；若某一评价指标与其他两项或多项评价指标存在多重相关关系，则保留此指标，同时删除与其相似的其他几项指标。

测试结果表明，4×10 m折返跑与伊利诺斯测试的相关系数为0.71，垂直纵跳与立定跳远的相关系数为0.77，相关程度都较高，依据评价指标筛选原则，我们咨询相关专家后确定删除4×10 m折返跑和垂直纵跳，保留伊利诺斯测试和立定跳远作为评价指标。特警体能训练评价指标相关性分析结果见表6-5。

表6-5　特警体能训练评价指标相关性分析结果

相关性指标	功能性动作筛查（FMS）	50 m冲刺跑	400 m短跑	3000 m耐力跑	4×10 m折返跑	伊利诺斯测试	垂直纵跳	立定跳远	30 s引体向上	30 s两头起	场地障碍+连续摔倒3个间隔2 m的沙人
功能性动作筛查（FMS）	1.00	0.02	-0.05	-0.05	-0.07	-0.12	0.24	0.19	0.04	-0.04	-0.24

续表

相关性指标	功能性动作筛查（FMS）	50 m冲刺跑	400 m短跑	3000 m耐力跑	4×10 m折返跑	伊利诺斯测试	垂直纵跳	立定跳远	30 s引体向上	30 s两头起	场地障碍+连续摔倒3个间隔2 m的沙人
50 m冲刺跑	0.02	1.00	-0.04	0.06	0.26	0.37	-0.55	-0.55	-0.02	-0.33	0.48
400 m短跑	-0.05	-0.04	1.00	-0.07	0.35	0.46	0.01	-0.14	0.17	-0.03	0.52
3000 m耐力跑	-0.05	0.06	-0.07	1.00	-0.05	-0.05	-0.07	0.03	-0.12	0.19	-0.06
4×10 m折返跑	-0.07	0.26	0.35	-0.05	1.00	0.71	-0.32	-0.51	0.02	-0.08	0.24
伊利诺斯测试	-0.12	0.37	0.46	-0.05	0.71	1.00	-0.27	-0.51	-0.05	-0.01	0.67
垂直纵跳	0.24	-0.55	0.01	-0.07	-0.32	-0.27	1.00	0.77	0.23	-0.03	-0.41
立定跳远	0.19	-0.55	-0.14	0.03	-0.51	-0.51**	0.77	1.00	0.40	0.01	-0.42
30 s引体向上	0.04	-0.02	0.17	-0.12	0.02	-0.05	0.23	0.40	1.00	-0.38*	0.07
30 s两头起	-0.04	-0.33	-0.03	0.19	-0.08	-0.01	-0.03	0.01	-0.38	1.00	-0.05
场地障碍+连续摔倒3个间隔2 m的沙人	-0.24	0.48	0.52	-0.06	0.24	0.67	-0.41*	-0.42	0.07	-0.05	1.00

注：*表示 $P<0.05$，**表示 $P<0.01$。

本研究遵循特警体能训练评价体系的构建原则，在进行统计分析的基础上，结合特警技战术的特征和测试原理，充分考虑各测试指标与体能训练的相关性，最终确定特警体能训练评价指标包括一级指标 3 个、二级指标 6 个、三级指标 9 个，上述评价指标共同构成特警体能训练评价指标体系（表6-6）。

表 6-6　特警体能训练评价指标体系

一级指标	二级指标	三级指标
基本功能性体能训练评价指标	灵活性和稳定性评价指标	功能性动作筛查（FMS）
一般体能训练评价指标	一般力量评价指标	30 s 引体向上
		立定跳远
		30 s 两头起
	一般速度评价指标	50 m 冲刺跑
	一般耐力评价指标	400 m 短跑
		3000 m 耐力跑
	一般灵敏评价指标	伊利诺斯测试
战斗体能训练评价指标	战斗整合评价指标	场地障碍+连续摔倒 3 个间隔 2 m 的沙人

三、特警体能训练评价指标权重

特警体能训练评价指标权重是考查各评价指标在特警体能训练评价指标体系中的重要程度及所占比例大小的量化值。统计学将某事物的评价指标权重之和视为 1，其中每个评价指标的权重用小数表示，这类小数被称为"权重系数"。本研究选择 15 名特警体能训练领域的专家，请专家确定每个评价指标的分值，明确每个评价指标的权重系数。

（一）特警体能训练评价一级指标的权重系数

将基本功能性体能训练评价指标、一般体能训练评价指标和战斗体能训练评价指标这 3 个一级指标分别用Ⅰ1、Ⅰ2、Ⅰ3 表示，特警体能训练评价一级指标权重系数的统计分析结果见表6-7。

表 6-7　特警体能训练评价一级指标权重系数的统计分析结果（N=15）

指标	分值											加权平均数	权重系数
	0	1	2	3	4	5	6	7	8	9	10		
Ⅰ1			2	10	3							3.07	0.15
Ⅰ2								3	2	6	4	8.73	0.44
Ⅰ3							1	3	6	4	1	8.07	0.41

（二）特警体能训练评价二级指标和三级指标的权重系数

将一般力量评价指标、一般速度评价指标、一般耐力评价指标和一般灵敏评价指标这 4 个二级指标分别用Ⅱ1、Ⅱ2、Ⅱ3、Ⅱ4 表示，将 30 s 引体向上、立定跳远、30 s 两头起、400 m 短跑和 3000 m 耐力跑这几个三级指标分别用Ⅱ21、Ⅱ22、Ⅱ23、Ⅱ31、Ⅱ32 表示。各评价指标的权重系数同样采用专家调查法进行确定，特警体能训练评价二级指标权重系数的统计分析结果见表6-8，特警体能训练评价三级指标权重系数的统计分析结果见表6-9。

表 6-8　特警体能训练评价二级指标权重系数的统计分析结果（N=15）

指标	分值											加权平均数	权重系数
	0	1	2	3	4	5	6	7	8	9	10		
Ⅱ1									3	4	8	9.33	0.31
Ⅱ2						4	5	6				7.13	0.24
Ⅱ3						1	5	5	4			6.80	0.22
Ⅱ4						2	4	3	6			6.87	0.23

表6-9　特警体能训练评价三级指标权重系数的统计分析结果（*N*=15）

指标	分值											加权平均数	权重系数
	0	1	2	3	4	5	6	7	8	9	10		
Ⅱ21								2	5	8		9.40	0.35
Ⅱ22								2	7	6		9.27	0.34
Ⅱ23							3	4	6	2		8.46	0.31
Ⅱ31				1	6	7	1					7.53	0.52
Ⅱ32					2	3	4	6				6.93	0.48

（三）特警体能训练各级评价指标权重系数的完整呈现

特警体能训练评价体系中3个一级指标的权重系数分别为：基本功能性体能训练评价指标为0.15，一般体能训练评价指标为0.44，战斗体能训练评价指标为0.41。基本功能性体能训练评价指标下的二级指标只有灵活性和稳定性评价指标，故其权重系数为1.00。一般体能训练评价指标的4个二级指标的权重系数分别为：一般力量评价指标为0.31，一般速度评价指标为0.24，一般耐力评价指标为0.22，一般灵敏评价指标为0.23。战斗体能训练评价指标下只有一个二级指标，故其权重系数为1.00。灵活性和稳定性评价指标下只有功能性动作筛查（FMS）一个三级指标，故其权重系数为1.00。一般力量评价指标的3个三级指标的权重系数分别为：30 s引体向上为0.35，立定跳远为0.34，30 s两头起为0.31。一般速度评价指标只有50 m冲刺跑一个三级指标，其权重系数为1.00。一般耐力评价指标的2个三级指标的权重系数分别为：400 m短跑为0.52，3000 m耐力跑为0.48。一般灵敏评价指标只有伊利诺斯测试一个三级指标，故其权重系数为1.00。战斗整合评价指标只有场地障碍+连续摔倒3个间隔2 m的沙人一个三级指标，其权重系数为 1.00。特警体能训练评价指标的权重系数完整呈现见表 6-10。

表 6-10 特警体能训练评价指标的权重系数（$N=15$）

一级指标	权重系数	二级指标	权重系数	三级指标	权重系数
基本功能性体能训练评价指标	0.15	—	—	—	—
一般体能训练评价指标	0.44	一般力量评价指标	0.31	30 s 引体向上	0.35
				立定跳远	0.34
				30 s 两头起	0.31
		一般速度评价指标	0.24	—	—
		一般耐力评价指标	0.22	400 m 短跑	0.52
				3000 m 耐力跑	0.48
		一般灵敏评价指标	0.23	—	—
战斗体能训练评价指标	0.41	—	—	—	—

注：权重系数为 1.00 的二级指标和三级指标不标注。

四、特警体能训练评价标准

评价标准是指对被测事物属性进行价值判断的一种尺度。在评价指标、指标权重确定以后，基于大量调查测试，我们便可以制定评价标准。

特警体能训练评价标准的制定需要先对大样本参考人群进行测试，以得到相对准确的评价标准。本研究的实证部分只有 40 个样本量，离标准制定的最低要求还有一定差距，故特警体能训练评价标准有待于相关学者在后续研究过程中收集整理数据再进行科学制定。

小结

本章的研究重点是构建特警体能训练评价体系，解决"练得怎样"的问题。我们界定了特警体能训练评价体系的内涵和外延，明确了特警体能训练评价体系的构建依据、原则和思路，分析了特警体能训练评价体系的结构并合理配置了各要素，形成了较为全面的特警体能训练评价体系。

特警体能训练评价体系通常包含筛选评价对象和评价目标、筛选评价指标、确定评价指标权重、制定评价标准这四个环节。本章主要对特警体能训练的评价对象、评价目标、评价指标、指标权重进行系统分析，明确评价指标体系的一级指标、二级指标和三级指标，包括一级指标3个、二级指标6个、三级指标9个，并确定各评价指标的权重系数，为科学评价特警体能训练效果提供理论依据。由于研究时间和样本量的限制，本研究未制定详细的特警体能训练评价标准。

特警体能训练评价体系是全面、综合地评价特警体能训练水平，检验特警体能训练效果，制订和调整特警体能训练计划，指导特警体能训练科学化发展的重要依据。作为特警体能训练体系研究的最后一个环节，特警体能训练评价体系与特警体能训练目标体系、特警体能训练内容体系、特警体能训练方法体系共同构成一个有机的整体，为审视特警体能训练提供理论框架。

第七章

特警体能训练体系实验研究

理论只有回到实践，才能实现理论的价值。本章旨在评估建立的特警体能训练体系的实用价值。在构建特警体能训练体系模型的基础上，笔者作为北京警察学院的体能训练教师，选择特警队员这一特定对象展开实证研究。在特警体能训练前运用特警体能训练评价体系进行诊断性评价，整体掌握特警队员的体能训练水平，为制订体能训练计划提供依据，合理选择不同阶段的体能训练内容与方法手段让实验对象开展为期15 周的体能训练；在特警体能训练后运用特警体能训练评价体系进行评价，检验特警体能训练体系的实际运行效果。特警体能训练实证研究部分完成了理论和实践的结合，使特警体能训练体系的理论价值在训练实践中得到展示。

第一节　研究任务与研究假设

一、研究任务

（一）探究特警体能训练体系对训练实践的指导性

（1）研究特警体能训练体系能否有效改善特警队员的基本运动功能。

（2）研究特警体能训练体系能否全面发展特警队员的一般体能。

（3）研究特警体能训练体系能否有效提高特警队员的战斗体能。

（二）检验特警体能训练体系的理论科学性

（1）检验特警体能训练目标体系能否引导特警体能训练实践的正确方向。

（2）检验特警体能训练内容体系能否在特警体能训练实践中发挥指导作用。

（3）检验特警体能训练方法体系能否完成不同阶段的特警体能训练任务。

（4）检验特警体能训练评价体系能否客观合理地反映特警队员的体能训练水平。

二、研究假设

（一）特警体能训练体系对训练实践具有指导作用

（1）特警体能训练体系能够改善特警队员的基本运动功能。

（2）特警体能训练体系能够全面发展特警队员的一般体能。

（3）特警体能训练体系能够提高特警队员的战斗体能。

（二）特警体能训练体系具备理论科学性

（1）特警体能训练目标体系能够引导特警体能训练实践的正确方向。

（2）特警体能训练内容体系能在特警体能训练实践中发挥指导作用。

（3）特警体能训练方法体系能够完成不同阶段的特警体能训练任务。

（4）特警体能训练评价体系能够客观准确地评价特警队员的体能训练水平。

第二节 特警体能训练体系实验研究的方法与设计

一、特警体能训练体系实验研究的方法

（一）实验法

1. 实验对象

本研究选取北京警察学院特警方向队员（下文简称队员）为实验对象，队员随机分为实验组与对照组，每组 20 人。实验前应对队员进行体质与健康调查，要求队员心、肝、肾功能正常，无明显运动创伤，运动能力正常并自愿接受实验。队员基本情况见表 7-1。

表 7-1 队员基本情况

组别	人数/人	年龄/岁	身高/cm	体重/kg
实验组	20	19.14±0.83	179.79±4.13	70.41±4.86
对照组	20	19.21±1.11	179.41±3.55	70.48±5.39

2. 测试指标

采用本研究构建的特警体能训练评价体系中的评价指标，实验前后分别对队员进行体能测试。

3. 仪器设备

秒表、米尺、哑铃、杠铃、BOSU 球、药球、悬吊带、弹力带、泡沫轴等。

（二）数理统计法

应用 SPSS 22.0 统计软件对测试数据进行统计分析，结果用平均

数±标准差的形式表示。运用配对样本 t 检验对数据进行比较分析，统计学中显著性水平为 $P<0.05$，非常显著性水平为 $P<0.01$，所有曲线图和直方图均在 Excel 中生成。

二、特警体能训练体系实验研究的设计与实施

（一）特警体能训练体系实验研究设计的基本思路

本实验的主要目的在于探索前文所构建的特警体能训练体系的理论科学性和实践指导性。围绕实验的主要目的，本实验将队员随机分为实验组和对照组。

本实验按照研究制定的特警体能训练体系，针对实验组的体能训练水平和技战术训练所处阶段，在明确特警技战术特征及体能需求的基础上，确定符合训练实际的具体目标，并以目标为引导划分体能训练内容，选择适当的体能训练方法，制订系统科学的特警体能训练计划，指导特警体能训练实践。对照组的体能训练目标与实验组相同，但由于特警体能训练研究起步较晚，传统的体能训练方式仍存在一定的盲目性，没有系统的特警体能训练体系作为引导。对照组按照传统的体能训练方式进行体能训练。实验前后采用本研究设计的特警体能训练评价指标进行测试，对测试结果进行统计分析，检验本研究构建的特警体能训练体系是否具备理论科学性和实践指导性，实验共进行15周。

（二）特警体能训练体系实验研究训练计划的制订

1. 特警技战术特征及体能需求分析

特警防卫控制技能具有精准性、快速性和易损伤性特征，场地障碍

则表现出垂直性、快速性和易损伤性特征。从影响特警技战术的训练学要素进行分析，易损伤性要求队员首先具备良好的灵活性和稳定性，精准性、垂直性对力量素质和协调素质的要求较高，快速性则需要队员的力量素质、速度素质、灵敏素质和协调素质得到系统的提高。通过动作分析可知，训练动作的设计应当符合人体解剖学特征并体现特警防卫控制和场地障碍技战术的动作特点，重视队员上肢、下肢和核心区力量的协同发展，强调主动肌、协同肌和拮抗肌力量的均衡提高，重视动力链训练。在能量代谢方面，训练要强化无氧代谢能力训练，重视有氧代谢能力的基础作用。

2. 训练目标的确定

从特警职业的能力要求分析，特警体能训练的目标最终落脚在使队员具备较强的预防、制止和处置各类暴恐犯罪事件及执行其他特殊任务的实战能力，使其能够适应公安工作需要，成为处置紧急突发案（事）件的应用型专门人才上。这就要求特警体能训练最终要服务实战，这也是特警体能训练的上层目标，特警体能训练目标体系的其他层次都要服从于特警体能训练总目标。

特警体能训练要求队员在毕业时掌握预防、控制和打击各种暴恐犯罪及其他严重犯罪的业务能力，具体包括警用武器使用技能、防卫控制技能及实战应用能力、警用车辆驾驶能力、特警专项身体素质能力等。各项能力训练分别安排在 7 个学期的不同阶段，队员应分时期有重点地进行掌握。

队员在本阶段开展的特警技战术项目主要包括防卫控制和场地障碍，依据特警实战需求，结合特警体能训练目标体系的层次结构，可以将本实验的体能训练目标划分为使队员获得良好的基本运动功能（基层目标）、全面发展一般身体素质（中层目标）、服务特警技战术（上层目标）这样三个层次。

3. 训练内容和方法的选择

特警体能训练内容和方法的选择要充分考虑体能训练目标、特警队员的体能训练实际水平，教师或教练应根据队员同期进行的特警技战术的精准性、快速性、易损伤性特征，以及特警体能需求和目标，选择适当的体能训练内容，主要包括基本功能性体能训练内容、一般体能训练内容和战斗体能训练内容，并在各训练内容的基础上选择灵活适用的训练方法以分别实现不同层次的目标。需要注意的是，战斗体能训练方法的选择既要符合人体解剖学的结构特征，又要符合防卫控制和场地障碍中特定动作结构的特征和肌肉的发力顺序。

4. 训练阶段的划分

根据特警体能训练目标和内容，将实验组的体能训练过程分为基本功能性体能训练阶段、一般体能训练阶段和战斗体能训练阶段，每阶段的训练分别侧重于不同的体能训练任务；对照组则按照传统的体能训练方式进行训练，主要进行一般力量训练、有氧耐力训练和移动速度训练。

由于多数队员未接受过系统的体能训练，训练初期应对队员进行功能性动作筛查，检验队员的基本运动功能，以便有针对性地安排特警体能训练计划。通过筛查发现，实验组存在不同程度的薄弱环节、左右发展不平衡现象和运动损伤。筛查结果并不理想，筛查得分 ≤ 14 分的有10 人，占实验组总人数的 50%。我们认为，筛查得分 ≤ 14 分时队员不应当继续进行强度较高的体能训练，应当加强身体的基本运动功能训练，首先缓解机体存在的运动伤痛，重视机体关节灵活性和身体稳定性训练，降低运动损伤风险，保证运动训练效果，若继续从事高强度体能训练，其运动损伤风险将从 15% 提高至 50%。从队员的职业生涯角度考虑，我们需要为其构筑稳固的体能基础，在结合特警实战需求和队员现实状况的基础上，通过咨询相关专家确定基本功能性体能训练阶段、一般体能训练阶段和战斗体能训练阶段的时间比例为 1∶1∶1，为队员打好坚实的体能基础，使三个层次的运动功能得到均衡全面的发展。

第一阶段的重点是强化身体基本运动功能训练，主要安排队员进行提高其关节灵活性和身体稳定性的训练，同时渐进发展队员的一般有氧耐力，适当安排基础力量（增肌）训练。这一阶段的训练强度较低，强调练习动作的规范性。该阶段不进行对队员整体能力要求较高的速度、爆发力和战斗体能训练。主要的训练方法包括灵活性训练、稳定性训练、有氧耐力训练、基础力量训练等，训练时间为 5 周。

第二阶段旨在全面提高队员的一般体能。在队员的基本运动功能、一般有氧耐力和基础力量得到充分发展的前提下，使训练从身体基本运动功能训练逐渐过渡至一般体能训练。开始给队员增加无氧耐力、速度、灵敏、较大负荷力量和部分一般性全身爆发力训练。该阶段主要发展队员的一般体能，主要训练方法包括一般速度训练、一般灵敏训练、一般无氧耐力训练、爆发力训练和全身力量训练，同时包括部分基本功能性体能训练，重点推进特警体能训练体系中一般体能的发展，训练时间为 5 周。

第三阶段是在队员的基本运动功能和一般体能得到全面发展的基础上，使训练逐渐过渡至战斗体能训练。该阶段的训练内容主要针对与发展特警技战术直接相关的身体素质，安排训练时要设计符合特警技战术特征的练习动作，强化无氧代谢能力训练。队员同期要进行的特警技战术训练内容是防卫控制和场地障碍，战斗体能训练内容要围绕这两项实战技能进行设计和实施。主要训练方法包括战斗速度与灵敏训练、战斗力量训练和战斗整合训练等。该阶段突出了特警体能训练体系的顶层发展，实现了特警体能训练与特警技战术训练的紧密衔接，该阶段的训练依旧包括一定的基本功能性体能训练和一般体能训练，目的是使队员的战斗体能更加稳固，同时降低训练过程中运动损伤的发生率，训练时间为5周。

另外，需要注意的是，三个训练阶段并非割裂开来孤立进行，而是在每个阶段进行重点训练，每个阶段的训练都会涉及两个甚至三个层次的训练内容，实际训练中需根据队员的现实状况合理安排各层次的训练内容。

(三) 特警体能训练体系实验研究训练计划的安排

1. 基本功能性体能训练阶段的安排

基本功能性体能训练阶段以发展队员的基本运动功能为主，在提高关节灵活性与身体稳定性的基础上渐进地安排有氧耐力训练和基础力量训练，以提高机体预防运动损伤的能力，为后期全面提高身体素质和能量代谢系统的供能能力奠定坚实的基础。基本功能性体能训练阶段的周训练安排见表7-2。

表7-2　基本功能性体能训练阶段的周训练安排

时间	周一	周二	周三	周四	周五
早操 30 min	筋膜松解	有氧耐力训练	筋膜松解	有氧耐力训练	筋膜松解
上午 90 min	—	—	—	灵活性训练 稳定性训练 基础力量训练	—

续表

时间	周一	周二	周三	周四	周五
下午 120 min	灵活性训练 稳定性训练 有氧耐力训练	灵活性训练 稳定性训练 基础力量训练	灵活性训练 稳定性训练 有氧耐力训练	—	—

　　每次早操时间为 30 min，每周早操安排 2 次有氧耐力训练和 3 次筋膜松解，从而对身体筋膜组织进行松解，加速局部血液循环，提高机体内组织细胞的可塑性，缓解肌肉紧张，提高身体柔韧性，改善关节灵活性；有氧耐力训练主要采用 30 min 或 4000 m 耐力跑；基础力量训练在实验初期主要通过采用中高强度负荷进行多次数练习的方式进行，可采用 67%~80%1RM 的强度，重复 8~12 次，完成 3~6 组，组间间歇时间为 30~90 s。训练初期强度较低，训练的主要目的在于规范队员的技术动作，提高肌肉质量，为后期开展高强度的体能训练奠定基础。每次课的训练内容不完全一致，随着队员身体的基本运动功能的提高，训练动作的难度不断提高。基本功能性体能训练阶段的练习旨在对队员的身体始终施加适当的刺激，促进身体的各种基本运动功能不断得到强化。

　　表 7-3 是基本功能性体能训练阶段中第 4 周周二下午的训练计划，该训练的主要目的是改善机体的基本运动功能，主要围绕改善关节灵活性和身体稳定性而设计，同时渐进安排基础力量训练。本阶段中，基本功能性体能训练是训练的主体部分。随着队员身体的基本运动功能的提高，动作的难度和负荷的安排会相应提高和加大。每次训练课后，教师或教练都会安排 10~20 min 的改善关节灵活性的练习，以提高队员身体的柔韧性，练习手段以筋膜松解、动态拉伸、PNF 拉伸为主。

表 7-3 基本功能性体能训练阶段的训练计划示例

训练内容	练习手段	负荷	组数	训练量	比例/%
热身 5 min	慢跑	无	1	5 min	4.17
动态拉伸 10 min	股四头肌牵拉	无	1	5 次/侧	8.33
	腓肠肌牵拉	无	1	5 次/侧	
	抱膝前进	无	1	5 次/侧	
	斜抱腿牵拉	无	1	5 次/侧	
	弓步侧向移动	无	1	5 次/侧	
	最伟大拉伸	无	1	5 次/侧	
核心区稳定性训练 25 min	脚撑 BOSU 球平板	无	2	1 min/次	41.67
	脚撑 BOSU 球侧平板	无	2	45 s/次	
	仰卧单脚撑 BOSU 球屈膝旋髋	无	2	15 次/侧	
	BOSU 球屈膝单脚仰桥	无	2	45 s/次	
下肢稳定性训练 25 min	BOSU 球单腿五点触地	无	2	10 次/侧	
	BOSU 球单腿半蹲起	无	2	15 次/侧	
	BOSU 球双腿跳跃稳定性	无	2	15 次	
	BOSU 球单腿跳跃稳定性	无	2	10 次/侧	
基础力量训练 35 min	深蹲	70%1RM	2	11 次	29.17
	站姿直臂下拉	70%1RM	2	11 次	
	硬拉	70%1RM	2	11 次	
	卧推	70%1RM	2	11 次	
	两头起	无	2	30 个/次	
	俄罗斯转体	8 kg	2	10 次/侧	
	背起	无	2	30 个/次	
筋膜松解 10 min	背部筋膜松解、下肢筋膜松解	无	1	10 min/次	8.33

续表

训练内容	练习手段	负荷	组数	训练量	比例/%
PNF 拉伸 10 min	肱二头肌拉伸	无	1	3 次/侧	8.33
	肱三头肌拉伸	无	1	3 次/侧	
	背阔肌拉伸	无	1	3 次/侧	
	股四头肌拉伸	无	1	3 次/侧	
	腘绳肌拉伸	无	1	3 次/侧	

2. 一般体能训练阶段的安排

一般体能训练阶段旨在发展队员的一般体能,在基本功能性体能训练阶段中,队员的关节灵活性、身体稳定性已得到全面提高,有氧耐力和基础力量已得到较好发展,而本阶段的训练通过增加无氧耐力训练、一般速度训练、一般灵敏训练、大负荷力量训练和一般性全身爆发力训练,使机体获得完成特警技战术所必需的一般体能,为后期开展战斗体能训练奠定了坚实基础。一般体能训练阶段的周计划安排见表 7-4。

表 7-4　一般体能训练阶段的周计划安排

时间	周一	周二	周三	周四	周五
早操 30 min	一般灵敏训练	有氧耐力训练	一般灵敏训练	有氧耐力训练	筋膜松解
上午 90 min	—	—	—	一般力量训练	
下午	一般速度训练 无氧耐力训练 (120 min)	一般力量训练 (120 min)	一般速度训练 无氧耐力训练 (120 min)	一般灵敏训练 (30 min)	—

在一般体能训练阶段中,每周的早操通常安排 2 次一般灵敏训练、2 次有氧耐力训练、1 次筋膜松解。在一般灵敏训练中,队员主要借助锥桶、软梯进行各种环绕、折返、躲闪等闭合性灵敏训练,从而提高其

对自身重心的控制能力，发展其多方向快速移动的能力。队员要全力完成每一次练习，每次课可选择 10～15 个动作，每个动作进行 2～3 组，一般灵敏训练的单次训练时间不超过30 min，练习之间要给队员安排充分间歇，练习与间歇的时间比例约为 1∶5；2 次有氧耐力训练主要采用 4000 m 耐力跑、负重越野跑等形式进行，训练强度基本稳定，目的在于提高有氧代谢系统的供能能力，提高身体的抗疲劳能力；每周五利用早操时间进行筋膜松解，对机体的软组织系统进行一次充分放松，有利于加速局部血液循环，提高软组织活性和机体柔韧性，改善关节灵活性，加速机体疲劳恢复。

在本阶段的每周二、周四会安排队员进行力量训练，包括最大力量训练、快速力量训练、快速力量耐力训练和反应力量训练，从而促进主动肌、协同肌和拮抗肌的全面发展。练习部位包括上肢、下肢、躯干和全身。在通过负重练习提高各种力量素质时，应采用训练方法体系中设计的训练负荷。经过一段时间的训练后，如果队员主观上感觉到采用现有重量完成规定的练习次数比较轻松，且队员在两次训练课中采用正确动作完成最后一组练习的次数能够超过规定次数 2 次，就可合理增加重量，使训练负荷始终维持在提高特定力量素质的有效负荷范围内。在全面提高一般力量的同时，安排队员进行部分与特警技战术衔接紧密的战斗力量训练，以及部分稳定性训练和灵活性训练，具体安排的训练比例根据队员前期训练效应的积累情况及队员的个体差异有所不同，训练项目在一定范围内变化，但各部分的训练比例基本固定。

表 7-5 是一般体能训练阶段中第 4 周周二的一般力量训练课计划，一般力量训练是训练课的主体部分。一般力量训练的主要目的在于保持身体的基本运动功能，全面提高队员的一般力量，提高动力链协调发力

技术水平。随着队员体能水平的提升，应逐步提高动作难度、增加训练负荷，并在训练2周后更换部分动作。本阶段的力量训练中既包含需要机体整体用力的训练内容（例如哑铃高抓、壶铃前摆），也包括部分战斗体能训练内容（例如站姿对墙旋转抛球）。在进行力量训练时，队员通常先进行反应力量训练和快速力量训练，其次进行核心区力量训练，最后进行辅助训练。实践证明，这种顺序是合理的，因为反应力量训练和快速力量训练需要机体付出更多的力量、有更集中的注意力和更高的技巧。要合理搭配反应力量训练、快速力量训练和快速力量耐力训练，可采用上肢、下肢和核心区交替练习，同时与推拉练习相结合，从而保证连续进行的两组力量练习动用了不同肌群。教师或教练要有效提高练习密度，充分利用有限的训练时间提高队员整体的力量水平，为开展战斗体能训练奠定坚实的基础。在这一阶段的训练中仍有基本功能性体能训练，这一训练旨在维持队员的关节灵活性和身体稳定性，促使队员保持良好的身体承受力，促进训练后机体的恢复和再生。

表7-5　一般力量训练课计划

训练内容	练习手段	负荷	组数	次数	比例/%
热身5 min	慢跑	无	1	5 min/次	4.17
动态拉伸 10 min	股四头肌牵拉	无	1	5次/侧	8.33
	弓步转体	无	1	5次/侧	
	斜抱腿牵拉	无	1	5次/侧	
	腓肠肌牵拉	无	1	5次/侧	
	弓步侧向移动	无	1	5次/侧	
	站姿双手背后交叉拉伸	无	1	5次/侧	
	头后屈肘拉伸	无	1	5次/侧	

训练内容	练习手段	负荷	组数	次数	比例/%
反应力量 与爆发力 训练 45 min	站姿对墙旋转抛球	10 lb	3	8 次/侧	37.50
	沙衣推地俯卧撑	8 kg		8 次	
	纵向单脚连续跳箱	无		8 次/侧	
	双人配合药球仰卧起坐	8 lb		8 次	
	哑铃高抓	87%1RM	4	5 次	
稳定性力 量训练 20 min	悬吊俯卧屈膝左右收腹	无	2	15 次	16.67
	悬吊侧桥单腿前后摆	无		15 次/侧	
	悬吊屈膝单脚仰桥	无		15 次/侧	
力量耐 力训练 30 min	哑铃快速蹬箱	30%1RM	4	15 次/侧	25.00
	壶铃前摆	10 kg		15 次/侧	
	沙衣引体向上	8 kg		15 次	
筋膜松解 10 min	泡沫轴下肢肌肉松解	无	1	15 min/次	8.33
	泡沫轴腰背肌肉松解	无	1		
	泡沫轴上肢肌肉松解	无	1		

　　本训练阶段的前期进行一般速度训练和无氧耐力训练，主要采用不同距离的周期性间歇运动来快速提高队员对乳酸的耐受能力，从而使机体适应高强度运动带来的强烈刺激，快速发展队员的无氧耐力，提高队员在高乳酸条件下保持快速运动的能力；后期进行耐力训练，它会结合场地障碍进行，即让队员在障碍场地进行各种穿梭练习，一组训练时间控制在 30~40 s，训练中队员的心率与田径场上参加无氧耐力训练的队员的心率接近，运动形式更加接近特警技战术需求，这有利于队员为战斗体能训练阶段的高强度训练做好准备。

　　表 7-6 是本阶段中第 4 周周一的一般速度及无氧耐力训练课计划，训练主要采用短距离启动加速跑和速度耐力跑的方式，结合核心区稳定

性训练，来全面发展队员的一般速度素质。训练负荷和间歇时间根据脉搏监测结果来调整，队员进行分段练习后即刻测量6秒内的脉搏，将结果换算成每分脉搏，间歇时间采用同样的办法进行控制，速度训练时，要待心率恢复至120次/分再开始进行下一次练习，组间安排间歇，待心率恢复至90~100次/分再开始下一组练习；速度耐力训练时，要待心率恢复至140次/分再进行下一次练习。

表7-6　一般速度及无氧耐力训练课计划

内容	训练手段	负荷或心率	组数	次数	比例/%
热身 5 min	慢跑	无	1	5 min/次	4.17
动态拉伸 10 min	股四头肌牵拉	无	1	5 次/侧	8.33
	弓步转体	无	1	5 次/侧	
	抱膝前进	无	1	5 次/侧	
	斜抱腿牵拉	无	1	5 次/侧	
	腓肠肌牵拉	无	1	5 次/侧	
	弓步侧向移动	无	1	5 次/侧	
	最伟大拉伸	无	1	5 次/侧	
移动速度训练 40 min	障碍场 30 m 冲刺跑	170~190 次/分	1	6 次	33.33
	障碍场 60 m 冲刺跑	170~190 次/分	1	6 次	
速度耐力训练 35 min	100 m 拖轮胎冲刺跑	190 次/分	2	3 次	29.17
	障碍场 400 m 冲刺跑	190 次/分	2	3 次	
稳定性训练 15 min	悬吊俯卧屈膝左右收腹	无	2	15 次/侧	12.50
	悬吊侧桥单腿前后摆	无		15 次/侧	
	悬吊屈膝单脚仰桥	无		15 次/侧	
筋膜松解 15 min	泡沫轴下肢肌肉松解	无	1	15 min/次	12.50
	泡沫轴腰背肌肉松解	无	1		
	泡沫轴上肢肌肉松解	无	1		

本阶段训练在负荷强度和负荷量两方面均达到最大，虽然基本功能性体能训练不是本阶段训练的重点，但整个训练过程依旧包含一定比例的关节灵活性训练和身体稳定性训练。每次训练结束后进行充分的筋膜松解，有利于促进机体的恢复和再生，避免机体在训练后期积累疲劳和出现伤病，保持基本功能性体能训练贯穿训练的始终。

3. 战斗体能训练阶段的安排

战斗体能训练阶段旨在提高与特警实战具有直接关联的战斗体能，它是在队员具备良好的基本运动功能和全面发展的一般体能的基础上，进一步结合特警实战需求进行的专门性且体现特警技战术特征的体能训练阶段。本阶段训练增加了战斗速度与灵敏训练、战斗力量训练、战斗整合训练。战斗体能训练的能量代谢过程、技术动作的生物力学结构及用力特点要接近特警实战，突出特警的职业特色。战斗体能训练要实现特警体能训练与技战术训练的一体化，使队员在身体和精神上都能够为特警实战做好准备。战斗体能训练阶段的周计划安排见表7-7。

表 7-7　战斗体能训练阶段的周计划安排

时间	周一	周二	周三	周四	周五
早操 30 min	战斗速度与灵敏训练	有氧耐力训练	一般灵敏训练	有氧耐力训练	筋膜松解
上午 90 min	—	—	—	战斗力量训练	—
下午	战斗整合训练（120 min）	战斗力量训练（120 min）	战斗整合训练（120 min）	战斗速度与灵敏训练（30 min）	—

在本阶段中，每周的早操通常安排 1 次一般灵敏训练、1 次战斗速

度与灵敏训练、2 次有氧耐力训练和 1 次筋膜松解。一般灵敏训练主要借助软梯和小栏架进行，每次课可选择 10～15 个动作，每个动作进行 2～3 组，目的是使队员保持良好的灵敏素质；2 次有氧耐力训练主要采用负重越野跑、负重穿越障碍场等形式，训练强度不高，目的在于使队员的有氧代谢系统保持良好的供能水平，提高机体的抗疲劳能力；筋膜松解要求对筋膜组织进行深度松解，对经过一周高强度训练的筋膜和软组织进行充分按压刺激，有利于加速局部血液循环，促进代谢废物的排除，消除扳机点，改善软组织活性，提高关节灵活性，有效预防运动损伤。

本阶段中周二、周四的战斗力量训练课上主要安排与特警技能紧密结合的战斗力量训练，同时也会安排一定比例的一般力量训练、灵活性与稳定性训练，这种安排的目的是在防止运动损伤的基础上提高与特警技战术密切相关的力量素质，具体训练内容的比例依据队员前期训练效应的累积情况和身体的承受能力差异而不同，但各部分的训练比例变化不大。

表 7-8 是本训练阶段中第 5 周周二下午的战斗力量训练计划，计划围绕与特警体能训练同期进行的防卫控制和攀登越障技能进行设计。从表中可以看出，在这一阶段的训练中，战斗力量和全身爆发力训练所占的时间比例为 58.33%，它是训练课的主体部分，但本训练计划仍包含所占时间比例为 37.50% 的关节灵活性训练和身体稳定性训练，它们可以帮助队员维持良好的基本运动功能，保障机体具有较好的负荷承受能力，促进软组织和肌肉的恢复和再生。选择这一阶段的练习动作时要与特警技战术紧密结合，重视爆发力和动力链训练，而且随着队员运动能力的提高，负荷和动作难度会逐步提高，大约训练 2 周后要更换部分练

习动作，但各部分练习的比例基本不变。

表 7-8　战斗力量训练计划

训练内容	练习手段	负荷	组数	次数	比例/%
热身 5 min	慢跑	无	1	5 次	4.17
动态拉伸 10 min	股四头肌牵拉	无	1	5 次	8.33
	斜抱腿牵拉	无	1	5 次	
	腓肠肌牵拉	无	1	5 次	
	比目鱼牵拉	无	1	5 次	
	弓步侧向移动	无	1	5 次	
	站姿双手背后交叉拉伸	无	1	5 次	
	头后屈肘拉伸	无	1	5 次	
	最伟大拉伸	无	1	5 次	
战斗力量和全身爆发力训练 70 min	弹力带站姿下砍	120 lb	4	5 次	58.33
	弹力带侧踹	120 lb		5 次	
	弹力带屈肘快速上抬	40 lb		5 次	
	弹力带快速踢腿	40 lb		5 次	
	抗阻快速冲拳	40 lb		5 次	
	重锤向下砸轮胎	15 kg		10 次	
稳定性训练 20 min	BOSU 球+迷你带平板支撑	无	2	15 次	16.67
	BOSU 球+迷你带单脚仰桥	无		15 次	
	BOSU 球+迷你带侧桥单腿前后摆	无		15 次	
	迷你带半蹲髋外旋	无		15 次	
筋膜松解 15 min	泡沫轴下肢肌肉松解	无	1	15 min/次	12.50
	泡沫轴腰背肌肉松解	无	1		
	泡沫轴上肢肌肉松解	无	1		

在这一阶段中，战斗速度与灵敏训练主要通过听口令快速变换动作

练习来进行，借助于固定靶练习、移动靶练习、反击靶练习、快速穿越障碍物、快速通过组合障碍、限制条件防卫控制等练习手段来完成，旨在提高队员在特警实战中的速度和灵敏素质，让队员在前期训练中所获得的身体素质高效率地转移到特警技战术训练当中。训练中教师或教练要严格控制队员连续完成动作的时间和间歇时间，完成一次练习的时间一般在 10 s 以内，一次练习之后要进行充分的休息，训练时间与间歇时间的比例约为 1 : 5，以保证每次练习时队员的神经系统处于良好的兴奋状态，注意避免在疲劳状态下进行战斗速度与灵敏训练，每周安排 2 次战斗速度与灵敏训练即可。

战斗整合训练是结合特警实战，将体能训练各要素系统整合起来，需要动员三种能量代谢系统和多种身体素质的训练。进行战斗整合训练时要模拟实战环境，战斗整合训练的强度与特警实战相似甚至超过实战强度，旨在全面提高队员的体能和特警技战术水平，培养队员忠诚、坚韧、勇猛、顽强的意志品质，实现特警体能训练和特警技战术训练的一体化。战斗整合训练常采用单人训练法、双人配合训练法及多人组合训练法，主要练习手段包括一对一限制条件防卫控制+场地障碍、3000 m 耐力跑+场地障碍、爬杆+索降+攀爬斜式梯+低姿匍匐过铁丝网+一对一防卫控制+翻越轮胎墙+翻越矮墙+100 m 冲刺跑等，通改变参训人数和场地限制条件，使特警体能和特警技战术水平同步提高。

战斗整合训练与一般特警技战术训练最大的不同在于对训练强度的把握。战斗整合训练会对队员的训练强度进行严格控制，训练过程中队员的心率可达到 175~180 次/分。前期的各种体能训练方式都是为了最终的战斗整合训练做准备，若没有前期系统全面、循序渐进的基本功能性体能训练和一般体能训练，队员就无法有效地进行战斗整合训练。战斗体能训练包含极限强度训练，训练过程中队员的心率可达到 190 次/分以上，该训练的目的是通过超高强度的训练，使队员精疲力尽，不断突破身体极限，最大限度地发掘队员的潜力，锻炼队员的判断力、意志力，增强队员的体能、胆量和实战能力。由于这种训练的强度极高、对抗性极强，相应地，运动损伤的风险比其他体能训练方式更大，这就更需要为队员构建完整的体能训练体系，做好各层次的训练计划，循序渐进地安排各层次的训练内容，实现特警体能训练和特警技战术训练的有效结合。战斗体能训练的关键在于训练强度，要求队员充分调动三大能量代谢系统为机体供能，混合型供能训练对队员身体的刺激较强烈，一次训练后身体需要有足够的时间进行恢复和再生，要确保队员以良好的精神状态完成本阶段训练内容。

第三节　特警体能训练体系实验研究的结果与分析

一、特警体能训练体系实验研究的结果与分析

（一）基本功能性体能测试结果与分析

功能性动作筛查（FMS）包括 7 个基本测试动作及 3 个疼痛排查性动作。对于 7 个基本测试动作，每一个动作的评分标准为 0~3 分，总分为 21 分。7 个基本测试动作分别为深蹲、单腿跨栏架、直线弓步蹲、肩部柔韧性、仰卧直膝举腿、躯干稳定性俯卧撑和旋转稳定性。3 个疼痛排查性动作分别为肩部碰撞测试、伏地起身、跪姿伸展。功能性动作筛查的目的在于通过测试发现机体在灵活性、稳定性方面存在的代偿和

不对称，以及在神经肌肉控制方面存在的问题，以达到预防运动损伤、科学指导训练过程的目的。

尽管目前对功能性动作筛查的研究尚存在不足，但现有研究表明功能性动作筛查具有较高的信度和效度，其过程简单易操作，并且测试的信息多元，可以较为科学地评估机体的运动能力。

深蹲可评估对称姿势运动时髋关节、膝关节和踝关节的稳定性和灵活性，深蹲时举横杆的动作还能评估胸椎灵活性和双侧肩部的对称性；单腿跨栏架能评估机体髋关节、膝关节和踝关节的稳定性与双侧下肢的灵活性；直线弓步蹲可评估减速、转动、侧向运动时机体各部位承受压力的能力、髋关节不对称时机体承载负荷的能力及非稳定状态下机体的动态控制能力；肩部柔韧性主要测试双肩活动范围、肩部肌肉的内旋与外旋能力；仰卧直膝举腿主要评估股后肌群的柔韧性、骨盆的稳定性和腿的主动伸展能力；躯干稳定性俯卧撑主要评估机体在上肢对称性活动中所表现出来的躯干在矢状面内的稳定性及上肢肌群的运动功能；旋转稳定性可评估完成同侧上肢和下肢的屈伸运动以及对侧上肢和下肢对角线运动时核心区的多方向稳定性。

实验前后功能性动作筛查的结果显示（表7-9），实验前，实验组和对照组的各项测试得分及总分无明显差异（$P > 0.05$），15周训练后，两组的测试结果发生明显变化，实验组实验后的各单项测试得分明显优于实验前，组内比较差异非常显著（$P < 0.01$），实验后组间比较差异非常显著（$P < 0.01$），对照组实验后的躯干稳定性俯卧撑测试成绩明显降低（$P < 0.05$），其余测试结果的变化无统计学意义。实验组中实验前总分 ≤ 14 分的有10人，实验后则仅剩3人，这表明本研究所制定的特警体能训练体系能够有效改善身体的稳定性和关节的灵活性，

提高机体的基本运动功能，减少身体两侧的不平衡现象，提高机体抵抗运动损伤的能力；对照组中总分≤14分的队员人数由9人提高到12人，且有2名队员在训练过程中出现了运动损伤，这表明传统的体能训练方法在提高机体的基本运动功能方面效果不明显。

表7-9　对实验前后功能性动作筛查结果的统计分析

项目	分组	前测结果	后测结果	结果差值	增长率/%
深蹲	实验组	2.03±0.68	2.66±0.48	0.62±0.62 * * ※※	30.54
	对照组	2.24±0.74	1.93±0.65	0.31±0.71 *	13.84
单腿跨栏架	实验组	1.69±0.72	2.41±0.50	0.73±0.53 * * ※※	43.20
	对照组	1.76±0.64	1.83±0.60	0.07±0.53	4.55
直线弓步蹲	实验组	1.93±0.65	2.62±0.56	0.69±0.47 * * ※※	35.75
	对照组	1.93±0.53	1.90±0.49	0.03±-0.33	1.56
肩部柔韧性	实验组	1.69±0.72	2.41±0.50	0.73±0.53 * * ※※	43.20
	对照组	1.76±0.64	1.83±0.60	0.07±0.53	4.55
仰卧直膝举腿	实验组	1.93±0.65	2.62±0.56	0.69±0.47 * * ※※	35.75
	对照组	1.93±0.53	1.90±0.49	0.03±-0.33	1.56
躯干稳定性俯卧撑	实验组	2.03±0.68	2.66±0.48	0.62±0.62 * * ※※	30.54
	对照组	2.24±0.74	1.93±0.65	0.31±0.71 *	13.84
旋转稳定性	实验组	1.69±0.54	2.55±0.51	0.86±0.44 * * ※※	50.89
	对照组	1.83±0.47	1.86±0.52	0.03±0.57	1.64
总分	实验组	12.66±2.61	16.59±2.04	3.93±2.05 * * ※※	31.04
	对照组	12.83±2.80	12.07±2.09	0.76±2.08	5.92

注：*表示组内比较 $P<0.05$，* *表示组内比较 $P<0.01$；※表示组间比较 $P<0.05$，※※表示组间比较 $P<0.01$。

（二）一般体能测试结果与分析

进行一般体能训练是掌握大多数特警技战术的基础。一般体能训练旨在提高机体对高强度训练的适应性，使机体获得完成特警技战术所必需的一般体能，为后期开展战斗体能训练做好充分准备。通过专家调查，本研究筛选出 50 m 冲刺跑作为一般速度评价指标，以 30 s 引体向上、立定跳远、30 s 两头起作为一般力量评价指标，以 400 m 短跑和3000 m 耐力跑作为一般耐力评价指标，以伊利诺斯测试来评价队员的一般灵敏素质。

1. 一般速度测试结果与分析

速度素质是特警的核心素质。本研究采用 50 m 冲刺跑评定受试者的一般移动速度和神经系统灵活性的发展水平。

一般速度测试结果表明（表7-10），实验前两组的测试结果无明显差异（$P>0.05$），实验结束后，实验组 50 m 冲刺跑成绩提高了 3.47%，组内比较差异非常显著（$P<0.01$）；对照组成绩提高了 1.44%，实验前后组内比较差异非常显著（$P<0.01$），实验后测试结果的组间比较差异同样非常显著（$P<0.01$）。

表 7-10　一般速度测试结果　　　　　单位：s

项目	分组	前测结果	后测结果	结果差值	增长率/%
50 m 冲刺跑	实验组	6.92±0.14	6.68±0.19	-0.24±0.08 * * ※※	3.47
	对照组	6.96±0.24	6.86±0.24	-0.10±0.06 * *	1.44

注：*表示组内比较 $P<0.05$，* *表示组内比较 $P<0.01$；※表示组间比较 $P<0.05$，※※表示组间比较 $P<0.01$。

该测试结果表明，传统的体能训练方法与本研究所设计的特警体能训练体系均能够对队员的一般速度产生有益影响，两种训练方法均使两组的 50 m 冲刺跑成绩有了较大幅度的改善。本研究设计的特警体能训练体系较传统的体能训练方法能够更好地提高队员的移动速度、动作速度及神经系统的灵活性。

2. 一般力量测试结果与分析

良好的力量素质是队员扎实掌握特警技战术的必要保障。特警技战术的精准性、垂直性、快速性等特征要求队员具备良好的上肢力量、下肢力量及核心区力量。实验前两组的测试结果无明显差异（$P>0.05$），15周训练后两组的测试结果出现不同程度的变化，一般力量测试结果见表7-11。

表7-11 一般力量测试结果　　　　　　单位：个或 m

项目	分组	前测结果	后测结果	结果差值	增长率/%
30 s 引体向上	实验组	6.76±1.55	11.62±3.19	4.86±2.42**※※	71.89
	对照组	6.90±2.09	8.28±1.60	1.38±1.21**	20.00
立定跳远	实验组	2.38±0.17	2.49±0.15	0.12±0.03**※※	5.04
	对照组	2.40±0.18	2.43±0.14	0.03±0.06*	1.25
30 s 两头起	实验组	32.17±2.87	37.45±3.45	5.28±1.89**※※	16.41
	对照组	32.86±3.59	34.65±2.81	1.79±1.99**	5.45

注：*表示组内比较 $P<0.05$，**表示组内比较 $P<0.01$；※表示组间比较 $P<0.05$，※※表示组间比较 $P<0.01$。对于30 s引体向上和30 s两头起项目，其测试结果的单位为个；对于立定跳远项目，其测试结果的单位为 m。

引体向上需要背阔肌、胸大肌、肱二头肌、肱桡肌等肌肉的参与，30 s引体向上能够较好地评价上述肌肉的快速协同用力状况。实验结束后，实验组成绩明显优于实验前（$P<0.01$），且实验组成绩明显好于对照组（$P<0.01$）。立定跳远需要股四头肌、腘绳肌等肌肉的参与，它能够较好地评价下肢爆发力及身体协调能力。实验后，对照组成绩提高的幅度具有统计学意义（$P<0.05$），实验组成绩提高幅度较大，组内比较差异

非常显著（$P<0.01$），实验组成绩显著高于对照组（$P<0.01$）。两头起需要动员腹直肌、腹内斜肌、腹外斜肌等核心区肌群的参与，30 s 两头起能够较好地反映核心区力量及机体的协调能力。实验后两组成绩提高的幅度不同，实验组组内比较差异非常明显（$P<0.01$），实验前后对照组成绩明显提高（$P<0.01$），而将实验后两组成绩进行比较发现，实验组成绩显著高于对照组（$P<0.01$）。由此可见，本研究设计的特警体能训练体系能够有效提高队员上肢、下肢和核心区力量水平。传统的体能训练方法对提高上肢快速力量、下肢爆发力、核心区快速力量也有较好效果，但提高效果明显低于本研究设计的特警体能训练体系。

3. 一般耐力测试结果与分析

精湛的特警技战术需要队员具备较长时间快速移动的能力，其精准性、垂直性、快速性和整体性等特征要求无氧耐力训练在特警体能训练中应当占有重要分量。同时，良好的有氧耐力训练可以加速队员的无氧代谢系统在训练过程中的恢复，确保队员长时间保持快速运动的能力。

在 400 m 短跑过程中，队员的血乳酸值可以到达 24 mmol/L，所以 400 m 短跑是乳酸生成量较多的竞赛类项目。在其余长、短距离的测试项目中，队员的血乳酸值皆呈下降趋势，虽然 100 m 和 200 m 短跑过程中糖酵解供能系统的供能比例大于 400 m 短跑过程，但由于其利用糖酵解供能系统供能的总时间有限，乳酸生成量明显少于 400 m 短跑。故 400 m 短跑可以作为评价队员糖酵解供能系统的供能能力的重要指标。实验前，两组的 400 m 短跑测试成绩无明显差异。实验后，两组的测试成绩均有不同程度的提高，各组组内比较均具有非常显著性差异（$P<0.01$）。对实验后的测试结果进行分析，实验组成绩明显优于对照组（$P<0.05$）。

在 3000 m 耐力跑过程中，ATP-CP 供能系统的供能比例约为 5%，糖酵解供能系统的供能比例约为 15%，氧化能供能系统的供能比例约为 80%。3000 m 耐力跑可以较好地反映糖酵解和氧化能供能系统的供能能力，常作为评价有氧耐力的指标。实验前，两组的测试成绩差异无统计学意义；实验后，实验组和对照组的测试成绩均有较大幅度的提高，各组组内比较差异非常显著（$P<0.01$），而实验后的组间比较差异无统计学意义（$P>0.05$）。

一般耐力测试结果（表 7-12）表明，本研究设计的特警体能训练体系与传统的体能训练方法均能够有效改善队员的一般耐力水平，两种体能训练方法在提高队员的有氧耐力素质方面的差异不明显；本研究设计制定的特警体能训练方案在提高糖酵解供能系统的供能能力方面，效果明显优于传统的体能训练方法。

表 7-12　一般耐力测试结果　　　　　单位：s 或 min

项目	分组	前测结果	后测结果	结果差值	增长率/%
400 m 短跑	实验组	69.26±2.73	66.70±2.02	−2.56±1.96 **※	3.70
	对照组	68.47±3.43	68.32±2.96	−0.15±0.91 **	0.22
3000 m 耐力跑	实验组	13.08±0.60	12.69±0.85	−0.39±0.43 **	2.98
	对照组	12.92±0.55	12.77±0.58	−0.16±0.23 **	1.24

注：* 表示组内比较 $P<0.05$，* * 表示组内比较 $P<0.01$；※表示组间比较 $P<0.05$，※※表示组间比较 $P<0.01$。对于 400 m 短跑项目，其测试结果的单位为 s；对于 3000 m 耐力跑项目，其测试结果的单位为 min。

4. 一般灵敏测试结果与分析

良好的灵敏素质是提高队员多方向移动能力的基础，是特警队员在执法活动中克敌制胜的重要保障。伊利诺斯测试能够对直线冲刺和方向改变时的速度和技术运用能力进行评估，是评价机体一般灵敏素质水平的有效方法。

一般灵敏测试结果见表7-13，实验前，两组的测试成绩无明显差异（$P>0.05$）。实验后，实验组成绩提高的幅度较大，组内前后比较具有非常显著性差异（$P<0.01$）；而对照组成绩出现一定程度的下降，但经过统计检验，组内比较无显著性差异（$P>0.05$）。实验后，两组组间比较差异明显，实验组成绩明显优于对照组（$P<0.01$）。研究结果表明，传统的体能训练方法忽视了对队员灵敏素质的培养，本研究设计的特警体能训练体系能够有效地指导队员的体能训练过程，其改善队员一般灵敏素质水平的效果优于传统的体能训练方法。

表7-13 一般灵敏测试结果   单位：s

项目	分组	前测结果	后测结果	结果差值	增长率/%
伊利诺斯测试	实验组	17.17±0.73	16.72±0.77	−0.45±0.15** ※※	2.62
	对照组	17.14±0.71	17.24±0.61	0.10±0.23	−0.58

注：*表示组内比较 $P<0.05$，**表示组内比较 $P<0.01$；※表示组间比较 $P<0.05$，※※表示组间比较 $P<0.01$。

（三）战斗体能测试结果与分析

战斗体能训练是队员在具备良好的基本运动功能和一般体能的基础上进一步结合特警技战术需求进行的专门性体能训练。本研究采用快速通过300 m 障碍后连续摔倒3个间隔2 m 的沙人来评估队员的战斗体能水平。

战斗体能测试结果表明（表7-14），实验前，两组的测试成绩无明显差异。实验后，两组的测试成绩出现不同程度的增长，实验组成绩提高的幅度为2.80%，实验前后组内比较差异非常显著（$P<0.01$）；对照组成绩提高的幅度为0.73%，实验前后组内比较差异明显（$P<0.05$）；实

验后，组间比较差异同样明显（*P*<0.05）。

表7-14 战斗体能测试结果

单位：s

项目	分组	前测结果	后测结果	结果差值	增长率/%
战斗体能测试	实验组	77.17±3.70	75.00±1.89	2.16±2.11*** ※	2.80
	对照组	77.11±3.19	76.55±2.97	0.56±1.20*	0.73

注：＊表示组内比较 *P*<0.05，＊＊表示组内比较 *P*<0.01；※表示组间比较 *P*<0.05，※※表示组间比较 *P*<0.01。

战斗体能测试结果表明，传统的体能训练方法与本研究设计的特警体能训练体系均能够提高队员的战斗体能，但本研究设计的特警体能训练体系提高战斗体能水平的效果更好。

二、特警体能训练体系实验研究结论

（一）特警体能训练体系对训练实践具有指导作用

1. 特警体能训练体系能够改善队员的基本运动功能

本研究构建的特警体能训练体系能够有效提高队员的基本运动功能，提高机体预防运动损伤的能力，传统的体能训练方法在提高队员的基本运动功能方面效果不明显，且有部分队员在训练过程中出现运动损伤。由于本研究构建的特警体能训练体系注重体能要素的全面协调发展，重视对机体薄弱环节的训练，所以训练初期首先要加强关节灵活性和身体稳定性训练，这能够有效地提高机体的基本运动功能，为后期开展高强度训练奠定了坚实的基础。

2. 特警体能训练体系能够全面发展队员的一般体能

本研究构建的特警体能训练体系能够有效提高队员的一般体能水

平，除有氧耐力之外，本研究构建的特警体能训练体系提高上肢力量、下肢力量、核心区力量、无氧耐力、一般速度和一般灵敏素质的效果均优于传统的体能训练方法。传统的体能训练方法能够明显提高一般力量、一般速度和一般耐力素质，但对于提高一般灵敏素质效果不佳。

3. 特警体能训练体系能够提高队员的战斗体能

本研究构建的特警体能训练体系与传统的体能训练方法均能够有效提高队员的战斗体能，但本研究构建的特警体能训练体系要求队员在具备较好的基本运动功能和一般体能的基础上，进一步结合特警技战术需求来进行专门性体能训练，这需要队员充分调动机体的神经系统，该训练的强度接近甚至超过实战强度，因而本研究构建的特警体能训练体系在提高战斗体能方面的效果显著优于传统的体能训练方法。

（二）特警体能训练体系具备理论科学性

1. 特警体能训练目标体系能够科学引导特定对象的训练过程

特警体能训练目标体系能够根据特定对象的实际需求，在特定的特警技战术训练阶段，针对不同的特警技战术特征及体能需求，设置符合训练实际的具体目标，引导特警体能训练的全过程。实验结果表明，本研究制定的特警体能训练目标体系能够对特定对象的训练实践活动起到重要的引导作用。

2. 特警体能训练内容体系能在训练实践中发挥指导作用

由特警体能训练目标体系解构而来的特警体能训练内容体系，既能够实现特警体能训练目标的具体化，满足特定阶段中体能训练的实际需求，又能够为选择训练方法、手段提供重要依据。实验结果表明，本研究构建的特警体能训练内容体系能够为特定阶段的特警体能训练实践活动提供有效指导。

3. 特警体能训练方法体系能够完成不同阶段的训练任务

灵活适用的特警体能训练方法既是特警体能训练内容的具体体现，又是实现不同层次特警体能训练目标的具体途径。结合特定阶段的特警技战术特征及体能需求，系统安排各个层次的特警体能训练方法，通过对训练手段、训练强度、训练量和训练时间等要素进行合理配置，努力实现既满足内容需求，又预防运动损伤、发展一般体能、提高场地障碍和防卫控制技能的目标。实验结果表明，本研究制定的特警体能训练方法体系既能够使不同层次的特警体能训练内容落到实处，还能够使不同训练阶段的具体任务和目标得到完成。

4. 特警体能训练评价体系能够客观准确地评价队员的体能训练水平

特警体能训练评价体系对训练的起始状态和训练实效进行了客观合理的评估。实验结果表明，结合特定对象对特警体能训练体系各要素进行具体安排，使得队员的基本运动功能、一般体能和战斗体能有了明显提高。这表明整个特警体能训练体系的运行效果较好，体系各要素能协同配合，共同发挥作用，引导和规范特警体能训练全过程。

参考文献

［1］张勇.散打鞭腿技术动作转动特征分析［J］.南京体育学院学报（自然科学版），2010，9（2）：88-89.

［2］李庆，李景丽，顾扬，等.现代运动训练周期理论的思考和讨论［J］.体育科学，2004（6）：52-55.

［3］张英波.动作学习与控制［M］.北京：北京体育大学出版社，2003.

［4］崔运坤，贾燕，马琳，等.动作模式释义：定义、机制、分类、训练［J］.沈阳体育学院学报，2017，36（2）：98-106.

［5］陈小平.有氧与无氧耐力的动态关系及其对当前我国耐力训练的启示［J］.体育科学，2010，30（4）：63-68.

［6］黄浩洁，赵焕彬.筋膜自我放松效应研究进展［J］.武汉体育学院学报，2018，52（4）：92-100.

［7］席蕊，周敬滨，高奉，等.不同牵拉技术在预防运动损伤中对不同运动能力即时效应的研究进展［J］.体育科学，2018，38（11）：75-80.

［8］赵亭，郭黎.冲刺间歇训练研究进展［J］.中国体育科技，2022，58（2）：47-54.

［9］张丹璇，王斌，宋小波，等.国外军事体能训练研究热点与演